青少年媒介素养教育丛书
——《少年日报》小记者小作家训练教程

新闻编辑与策划

赵玉平 孙 宏 主编

上海教育出版社
SHANGHAI EDUCATIONAL
PUBLISHING HOUSE

丛书主编

赵玉平　孙　宏

本册编者

（以姓氏笔画为序）

方　园　孙　宏

杨嘉璐　吴　彤

侯秀华

媒介素养教育为健康人生奠基

（序）

　　智能手机普及的当下，某种程度上已经是一个媒体无所不在、传播空前便捷的"微传播"时代。相关数据表明我国网民中，中小学生群体规模大、占比高。

　　在新媒体使用方面，中小学生主要面临着网络违法侵害、不良信息影响、个人隐私泄露、网络沉迷成瘾等风险。越来越多的中小学生被新媒体"绑架"，沦为沉迷其中的"手机控""朋友圈控"，玩物丧志，身心健康、学习态度、学习成绩受到了极大影响。课余时间被智能手机、平板电脑等电子产品占据的中小学生"低头族"随处可见，本该丰富多彩的生活和远大的志向受到了虚拟世界的冲击。因此，开展中小学生媒介素养教育具有重要意义。

　　媒介素养教育的本质不只是媒介知识的传授，更是一种能力的培养，这种信息甄别和判断质疑的思维能力可能会让中小学生受益终身。开展中小学生媒介素养教育，应当引导中小学生努力实现以下目标：了解基础的媒介知识和使用方法，提升对相关设备的使用能力和相关技术的应用能力；学会判断信息的意义和价值，提高对信息的甄别和质疑能力，在泥沙俱下的信息洪流中做到去其糟粕、取其精华；端正态度，坚守媒介使用规范，学习使用大众传媒发展自己。

《少年日报》作为一份少儿类综合性日报，联合相关机构在2019年下半年启动了中小学生媒介素养教育实践体验基地的建设。在媒介素养教育的课程开发和教学设计、学生记者的训练培养、媒介产品生产的实践体验、专业采编队伍参与媒介素养教育等方面，形成了体系化的建构方案。我们希望媒介素养教育能够成为学校教育的合理补充，希望通过体系化的媒介素养教育，引导中小学生合理利用媒介资源。

　　我们希望让中小学生明白，信息是制造出来的"真实"，其内容是经过刻意筛选的，不完全是真实的客观世界。我们鼓励中小学生运用自己的理性思考，对各类信息发表自己的见解，提出批判性意见，学会过滤非法、暴力、庸俗的垃圾信息，理性传播信息，提高应对信息时代的"免疫力"。飞速发展的信息传播技术无疑在方便沟通、提升效率、丰富资源等方面给我们带来了前所未有的改变，但是我们不得不冷静地让中小学生知道，冷冰冰的机器和技术无法替代人类的情感，无法替代基于人类崇高情感的血与肉的体验，无法替代心与心的交流……

　　我们希望通过科学合理的媒介素养教育，让中小学生了解信息传播的基本规律和道德规范，理性地解读信息，正确地使用信息传播技术。我们希望中小学生既能够享受信息传播技术所带来的便利，又能在良莠不齐的信息洪流中保持一份冷静和理智，并能对自己的传播行为负责，这在某种程度上也是在为中小学生未来的健康成长奠定基础。

李秋平

2021年3月

第一课　谁是编辑？

小学生：童童、乐乐
新闻课老师：小闻老师

第一节
有一种职业叫编辑

嗨，童童、乐乐，你们听说过"编辑"这个词吗？

知道知道，把"编辑部"去掉"部"字就是编辑啦。

不对，编辑部和编辑是两个概念，编辑部是一个部门和组织，而编辑是一种职业。

乐乐说得很对。编辑可以根据媒介的不同，分为图书编辑、报刊编辑、电台和电视台编辑、新媒体编辑；也可以根据工作性质的不同，分为文字编辑和美术编辑。我们这里主要讲的是报刊的文字编辑。

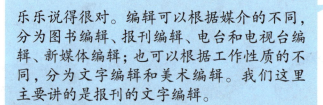

老师，编辑到底是一份什么样的工作呢？

人们常常说，编辑就是"为他人作嫁衣裳"，这句话是什么意思呢？简单地说，就是忙来忙去，促成的是别人的好事。

这句话听上去让人有点失落，那是不是当编辑就会很失落呢？

简单地说，报社的编辑就是要把别人写的文章，经过编写、修改、重新组织以后，刊发到报纸上。

改好的文章还是署作者的名字，不能署编辑的名字。因为编辑只是对文章进行了一些加工而已，所以才会有编辑是"为他人作嫁衣裳"的说法。

你一定会想，那做编辑多没有意思啊，又要帮作者改文章，又不能署名，似乎文章改得再好跟自己也没有关系。其实不然，编辑不仅需要判断哪些稿件符合版面的要求，而且也要能发现文章里各种各样的错误，并最终决定哪些稿件能够在版面上刊登。

? 有人说，编辑就是坐在座位上看看报纸，喝喝茶，一副不紧不慢的样子，然后一个个版面就编好了。这种说法对吗？

🔍 报纸诞生记 ☰

我们常常能听到 ×× 报纸或者 ×× 杂志编辑部，那么编辑部里都是编辑吗？一份报纸就是在编辑部里诞生的吗？

那我们就到《少年日报》编辑部去看看吧。

◎ 编辑部是报社的心脏

编辑部是生产报纸的核心部门。一份报纸要经过选题的策划、记者的采访、编辑的修改,经过"三审"后由美术编辑进行排版,再经过"三校",最后才能印刷。

编辑部里不只有编辑,还有记者、校对等等。

当你来到《少年日报》编辑部,可以看到一个个"码字匠"正在电脑前指尖翻飞、一目十行,不过此时你还不能看到一份报纸最后的形态。你在编辑部看到的,主要是文字和版面加工的环节,只有当这些被处理过的内容走出编辑部,到了印刷厂,被印在纸上,我们才能真正看到报纸这样东西。

◎ 报纸生产的流程

报纸生产的流程大致是这样的:

(1)召开编辑部会议,商定每期报纸的各个版面要做的内容。

(2)编辑向作者约稿(包含记者采访新闻)。

(3)记者和其他作者的稿件发过来以后,编辑要对文章进行修改并编辑相关版面(一个版面一般由多篇文章组成)。

(4)每个版面都要经过"三审",才可以定版。

(5)版面审核完成后,要交给美术编辑进行排版,美化版面。

(6)一个个完整的版面排版完成后,要打印出来,给编辑进行校对,进一步修改润色,校对也要进行三次,称为"三校"。

(7)"三审"和"三校"完成后,由总编签字,就可以把该期报纸的内容发送到印刷厂印刷了。

(8)一期好看的报纸就诞生了。

"三审"和"三校"要做些什么事情呢?你知道为什么要进行"三审"和"三校"吗?

小闻老师说

　　编辑部是报纸内容的生产部门，通过策划、约稿、编辑、排版、校对等程序，制作出一个个版面，这些具备一定规范的版面按一定版序印刷出来后就成了一份份报纸。因此，编辑部的工作是报纸生产过程中的核心环节。

● 一起来试试

　　下列各项中，哪些是报纸出版流程中的环节？

（1）市场调研

（2）选题策划

（3）约稿

（4）审稿

（5）发稿

（6）审读校样（校样是指还未出版的书或报纸的样张）

（7）签发付印样（付印样是指已经校对完毕，改正后可据以印刷的校样）

（8）引进广告

（9）投递

（10）结算稿费

编辑做点啥？

　　看来来去去，编辑的工作似乎主要就是改改作者的文章，好像也不怎么重要啊。

　　如果生产报纸是一条流水线，那么编辑就是流水线上的那个机械手，负责调整和装配，你说重不重要？

5

报纸的生产跟编辑有多大关系呢？报纸上的文字、图片都要经过编辑的加工才能刊登，编辑要从浩瀚的信息库里精心挑选出适合读者阅读的信息，把它们汇聚到纸张上面，提供给读者想要的信息和精神享受。

当然，这只是编辑工作的一部分，在加工处理稿件之前，编辑还要进行策划和组织。比如要出一期庆祝中华人民共和国成立 75 周年的报纸，大概有 4 个版面。那么问题就来了，75 周年的内容是海量的，我们的祖国在政治、经济、军事、科技、文化娱乐、人民生活等许多方面都取得了让人惊叹的成绩，可是编辑只能用 4 个版面刊登这些内容，那么到底要在版面上刊登哪些方面的内容呢？

★　中华人民共和国成立 75 周年的成就太多太多，编辑选取的内容是不是应该照顾到每个阶段？

★　版面里的文章是写人，还是写事呢？

★　写哪些人、哪些事？怎么写？找谁写？

★　光有文章还不行，还要起个好听的标题吧？

★　密密麻麻的字，多单调呀，还要配点照片和插图吧，那要配什么图呢？

感觉出一期报纸好复杂。老师，要做好这 4 个版面到底有多难呢？

打个比方吧，这就像你要从河里拣出 4 袋最漂亮、最饱满、最圆润的鹅卵石，而且各种颜色的都要有一些。就是这么难。

哇！感觉编辑就像变了身的哪吒一样，必须得有三头六臂才行。

我们常常会在互联网上看到很多耸人听闻或者吊人胃口的标题，有时候看到标题就忍不住要点进去看看正文。那么，吸引人的标题就是好标题吗？现在的编辑除了要学会改稿之外，还要拥有哪些本领呢？

小闻老师说

编辑的工作包括以下内容：

（1）策划和组织相关选题。

（2）选择合适的稿件。

（3）修改稿件。

（4）为稿件制作标题。

（5）校对大样。

编辑的工作内容可多啦，编辑的能力当然也要相应增强啦！社会是在发展的，编辑也需要不断地学习进步。现在的编辑都很厉害，懂得很多新东西，这就叫与时俱进。

● 一起来试试

除了负责报纸的编辑出版之外，编辑也要跟读者进行沟通，做读者工作。下列各项中，哪些不是编辑应该对读者做的工作？

（1）进行读者调查。

（2）满足读者的所有需求。

（3）及时回复读者的来信。

（4）给读者介绍媒体内容和价值。

（5）组织读者买报纸。

第二节
编辑和记者有区别吗？

我可是有过很多采访经历的小记者了，还写了很多稿件。要当编辑不是很简单的事吗？

那你知道记者和编辑的区别吗？他们的分工有什么不同呢？

这……

告诉你吧，记者和编辑的区别可大了呢！能做一名出色的小记者，不代表就能成为一名好编辑。

🔍 记者 vs 编辑　种田 vs 做饭　☰

　　如果把报纸比作一座高楼，那么记者就是建设这座高楼的建筑材料的提供者，而编辑则是设计师和建筑师。记者的工作是采访和写稿，而编辑的工作是约稿、改稿、校对。

　　再打个比方，记者像农民，他们浇水施肥种地、养鸡养鸭养猪，为人们提供了必需的食物，而编辑就像大厨，他们通过自己的厨艺，把新鲜的食材加工成了美味可口的大餐。

　　没有农民，我们就没有可以下锅的食材，而少了厨艺精湛的大厨，我们的饭菜就会寡淡无味,让人毫无胃口。

◎ 记者的工作

（1）根据会议的主题,寻找新闻线索。

（2）联系采访对象。

（3）赶赴新闻事件发生的现场、被采访人物所在的场所进行采访。

（4）整理采访内容,写新闻稿。

（5）把稿件及时地交给编辑。

◎ 编辑的工作

（1）关注近期的热点,寻找合适的选题。

（2）向作者约稿,或者接收记者的稿件。

（3）与记者进行沟通,对记者的稿件进行修改,找出错别字和病句,或者对稿件的结构进行修改,让稿件变得更加适合阅读。

（4）添加或修改标题,让标题变得更准确、更吸引人。

（5）添加或修改导语,让稿件更生动,引起读者的阅读兴趣。

（6）对稿件、版面进行校对,并签字确认。

请你想一想,"记者可以做编辑,编辑也可以做记者",这句话对不对呢? 为什么?

小闻老师说

记者及时发现新鲜、有用的新闻线索,赶赴现场采访,获得第一手的新闻素材,然后把这些素材写成一篇新闻稿。编辑要把稿件改得适合读者阅读,起一个好听的、吸引人的标题,把稿件中的病句、错别字找出来并修改,然后再为稿件配上与之相关的照片、图片或者漫画,让稿件读起来不至于太过枯燥。

● 一起来试试

今天,童童作为记者对垃圾分类的后续处理过程进行了实地采访,乐乐作为编辑对童童的稿件进行了修改。让我们看看下面哪些事情是童童做的,哪些事情是乐乐做的。

(1)童童的稿件题为《垃圾是这样被处理的》,好像不太生动,把它改成《垃圾"旅行记"》。

(2)联系位于浦东新区的老港生态环保基地的工作人员,确认采访的时间和地点。

(3)照片拍得不太好看,那就为《垃圾"旅行记"》找一幅相关的漫画吧。

(4)现在上海的垃圾处理厂每天要焚烧多少垃圾呢?这个数字很重要,但采访的时候忘记问了,赶紧打个电话问一下,把这个数字补充上去。

(5)"早上,王同学又像往常一样来到垃圾厢房倒垃圾……"这里有个字错了,"垃圾厢房"应该改成"垃圾箱房"。

(6)垃圾分类的话题是一个新闻热点,准备到上海的一些垃圾处理厂去了解一下。

上面哪些事情是童童做的,哪些是乐乐做的,大家回答对了吗?

🔍 编辑也要学习新技术

最近你们学习了解了编辑的基本概念,还做了相关的题目。这次,我要再布置给你们一个新的任务,去找一位新媒体的编辑,看看新技术的发展给编辑带来了哪些新的考验。

好啊好啊,我的表姐就做了一个微信公众号,我去采访一下她。

那我去准备几个问题。

不断发展的新技术给编辑的工作带来了新的挑战。几十年前，记者和编辑只要一支笔、一本本子就可以"打天下"了。但是现在，记者大多会使用录音、录像设备，编辑则必须掌握电子文档的编辑技能，这些已经成为当记者和编辑的最低门槛了。

此外，报刊出版流程的各个环节也都进行了技术更新。例如美术编辑，以前是在纸上画版式的，现在必须使用各种电脑软件来完成。在铅字印刷的时代，印刷工人先要铸字、拣字，如果发现字库中没有的字，那么要另行刻字，然后再排版、上机印刷，而如今只要按几下键盘，几秒钟就可以自动印刷了。

对于如今的编辑来说，需要学会应对不同种类的媒介。比如，微信公众号的制作需要编辑掌握在微信上进行文字处理的方法，这与在 Word 文档中进行改稿有一定的区别。又如，要让一篇微信推文既好读又好看，要用到很多排版的技巧，这需要编辑掌握美术排版的本领。再如，现在不少的读者喜欢在新媒体软件上看视频，因此掌握一定的音频和视频编辑技术也是新媒体编辑必须具备的素养。凡此种种，赋予了新技术条件下新媒体编辑与传统编辑所不同的任职条件和技能储备。

童童：表姐，什么是数字出版呀？

表姐：数字出版就是将传统的纸质读物数字化、电子化，让它可以在互联网上进行传播和阅读。

乐乐：你觉得在做微信公众号的时候，编辑稿件的方法和以前是一样的吗？

表姐：乐乐的问题问得很好。做一名新媒体的编辑的确需要运用很多新的技术和方法，和传统的编辑有不小的区别。比如，同样一篇稿件，受到版面容量的限制，在报纸上只能写800个字，但是在新媒体上就没有这个问题了，写到1000字，甚至2000字都没有问题。微信推文的标题也和传统标题很不一样。微信推文的标题必须要更加直接、更夺人眼球，因为微信上的信息是海量的，如果标题不吸引人，那么读者很可能就会把它忽略掉了，不会点进去阅读。

童童：表姐，作为新媒体编辑，是不是除了要会修改文字，还要会制作版面？

表姐：是的，新媒体编辑既是文字编辑，也是美术编辑，要把版面排得好看，就要选择各种好看的字体，找各种漂亮的图片、照片、图表插在文字中间。

乐乐：那你还要拍视频吗？

表姐：拍视频是视频记者的工作，但是我要对这些视频进行剪辑，就是根据需要，把它剪短、替它配音，根据不同的画面配上不同的特效，让视频变得更简洁、更好看、更吸引人。

 你知道人工智能吗？随着新技术的发展，人工智能已经可以逐步开展编辑工作。你觉得人工智能有没有可能替代人类，成为未来的全能编辑？

小闻老师说

看了童童和乐乐采访表姐的记录，我们知道了编辑也要与时俱进，不断学习新的技术来适应社会的发展。除了传统的稿件修改，一名优秀的编辑还需要掌握新媒体的编辑方式，甚至要懂得录音和录像的剪辑。

● 一起来试试

新媒体编辑与传统编辑相比，需要掌握更多的本领。下列各项中，哪些是新媒体编辑需要掌握的技能？

（1）正确的导向意识，不哗众取宠，不散播奇谈怪论。

（2）有新闻敏感性，能抓住最新的热点。

（3）具备整合能力，能迅速地在大量素材中找到合适的内容，进行串联、编辑。

（4）出众的文采，能编辑出令人赏心悦目的文案。

（5）掌握排版、视频编辑等更多的新技术。

（6）取标题的能力。

（7）懂得运用营销知识，高效地获取流量。

第二课 厉害了, 编辑

第一节
稿件选择的首要判断

　　有时候，编辑手头有很多稿件，到底应该选择怎样的稿件刊登呢？哪些是不适合刊登的稿件？这就要考验编辑的本领啦。

　　当然，稿件写得好和坏是选择标准之一，但是文笔很优美、内容很精彩的稿件就一定能刊登吗？编辑选稿首先应该看什么呢？

🔍 稿件被退回了

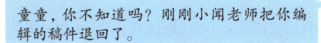
乐乐，我昨天编辑了一篇稿件，已经发给小闻老师复审啦。怎么样，还不错吧？

童童，你不知道吗？刚刚小闻老师把你编辑的稿件退回了。

什么？我的稿件被退回了？

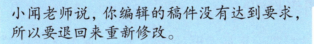
小闻老师说，你编辑的稿件没有达到要求，所以要退回来重新修改。

那我应该怎么做？

童童编辑的这篇稿件为什么被退回了呢？让我们先来看看它的内容吧。

2018 年中国最具影响力中小学百强榜

日前，国内知名的教育智库"校长会"发布了"2018 年中国最具影响力中小学百强榜"。此次评选依据媒体的关注报道、教师的教科研成果、学校和教师的获奖情况、学生的全国性获奖情况、学校的学业水平、社会口碑和办学内涵等维度进行评价。由拥有全国近 20 万精英校长群体的新媒体平台"校长会"根据过去一年学校的活跃度和办学成果，对全国近 2000 所中小学校进行了多轮评选，最终推出了今年的榜单。

几年前，网络上出现了《2018 年中国最具影响力中小学百强榜》的新闻。很多家长看到以后马上就不淡定了，有的甚至准备对照榜单上的学校，去准备孩子的幼升小、小升初。这种新闻带来了非常错误的价值观。各级教育主管部门都不允许对中小学进行排名活动，也从来没有授权过任何组织和机构开展这种排名和评比。

这些弄虚作假的教育评价对学校的排名评选既没有科学的评选标准，也没有公开透明的评选过程，不能客观地反映学校的真实状况。这种排名完全是为了迎合一些机构的不良目的而进行的。因此，在新闻媒体上刊登这种稿件是不可取的。

同样一篇稿件，可不可以既刊登在《少年日报》，又刊登在《青年报》上？并请说说为什么？

小闻老师说

稿件的选择是编辑最重要的工作之一，那怎么选择需要的稿件呢？选择一篇稿件，放弃另外一篇稿件，这样取舍的标准是什么？是不是每一篇写得很好的稿件都可以刊登在版面上呢？

回答这些问题,要先懂得编辑选稿的意义。

首先要确认稿件的内容是否具有正确的价值观,是否符合党和国家的方针和政策,是否意义重大,然后再确认稿件是否符合报纸的定位(是否适合该报的读者阅读),以及是否真实、新鲜、生动。

● 一起来试试

我们来一起看一看某家媒体曾经刊登过的一篇报道。

报道内容是一名 10 岁女孩不慎掉入高速公路边的深水沟中,路过的一位市领导立即指挥在场人员停车救人,经过紧急打捞,女孩被救出送往医院抢救。随后,一篇题为《市委书记急救落水女童》的文章刊出,不料却引来了一片指责之声,产生了意想不到的负面效应。原来,真正下河救人的是和市委书记一起检查工作的 3 名部门领导和 1 名村民,书记只是在岸上指挥救人,并没有亲自下水救人。记者采写的这篇文章,无论是标题还是内容,都把市委书记放在了重要的位置上,浓墨重彩地加以渲染,文章的倾向性、目的性十分明显。

请问,这篇新闻报道的问题出在什么地方?读者为什么不喜欢这样的新闻?

童童的价值观

什么是价值观？

简单地说就是判断是非、选择对错。有的稿件观点积极向上、弘扬正气，它的价值观就是正面的；有的则消极片面，甚至违背事实，价值观就有问题啦。

有一段时间，我们常在报纸上看到，家长以支付报酬的形式来鼓励孩子做家务，叠一次被子给一元，洗一次碗给两元，扫一次地给三元，诸如此类。孩子为了获得零花钱，提高了劳动的积极性，所以报纸上就对这种做法进行了宣传，认为应该推广这种做法。

仔细想一想，这则报道的价值观是否有问题呢？劳动能完全用金钱来衡量吗？如果有一天，不给孩子报酬，孩子就不劳动了，那该怎么办呢？劳动当然可以用酬劳来衡量，但那只是衡量标准之一。除了报酬，劳动还可以有很多其他收获，比如快乐、肯定、友谊等等。父母更应当让孩子感受劳动的乐趣，对孩子的成果给予肯定，否则将在无形中淡化孩子的责任意识。父母也应该更多地鼓励孩子参加社区劳动、公益劳动，让他们在不同的社团、群体中获得成长。

我们来看看下面的这篇例文吧。

谁让"值日"变了味

"今天又是他爸爸来帮忙擦的黑板！"放学时分，徐汇区某小学学生小正的爸爸早早地到教室包揽儿子值日生的工作，擦黑板、扫地、拖地、排课桌……小正却不见踪影。原来小正放学后去上补习班了，劳动任务就由爸爸代劳了。"怎么说也是学习重要，值日生就让我帮他做了吧！"小正爸爸的一句话，道出了不少家长对劳动教育的轻视。

另一边，雇人劳动在上演。"今天我值日，我出三块钱，有人愿意替我做吗？""我来做！"嘉定区某中学预备班的教室里，哪个同学不想值日，就可以用钱"雇佣"同学来做，有时甚至会"拍卖"，价低者得。"值日"俨然成了一件拍品。

虽然很多人都懂得劳动的重要性，但是在许多父母的观念里，学习才是最重要的，孩子不能输在起跑线上。也许有人会说，做值日扫个地，这事太小了，可你知道古人说的"一屋不扫，何以扫天下"吗？

劳动教育应当从小就开始。习近平总书记指出："要在学生中弘扬劳动精神，教育引导学生崇尚劳动、尊重劳动，懂得劳动最光荣、劳动最崇高、劳动最伟大、劳动最美丽的道理，长大后能够辛勤劳动、诚实劳动、创造性劳动。"劳动是人生的必修课，如果不及时补上这一课，那么在人生的"大考"中，孩子将难以交出一份出色的答卷！

 请你想一想，这篇稿件可否在报纸上刊登？它宣传和弘扬了怎样的价值观？作为一名小编辑，你觉得应该如何对稿件进行选择？

 ## 小闻老师说

一篇稿件能不能刊登，首先就要考验编辑的判断能力。宣传不正确的价值观会错误地引导读者，特别是小朋友，价值观还没有完全成熟，他们会觉得报纸、电视等公共媒体上说的都是对的，这样就更容易造成不良影响。

编辑要选择合适的稿件，首先要判断它的价值观是否正确、宣传的观点是否正确。编辑要去认真了解党和国家的方针和政策，认真学习社会主义核心价值观，这对每一个编辑来说都是非常重要的。

● 一起来试试

下列各项中，哪些做法是正确的？

（1）对群众关心的问题进行深入调查，找准问题出现的根本原因，进行真实地报道。

（2）不断提高自己的思想和修养，磨炼意志，通过对问题的思考和探索学习更多的专业知识。

（3）挖掘新闻人物的各种隐私，提高读者的阅读兴趣。

（4）关心国家大事和党的方针政策，在编辑方向上符合这些大政方针。

（5）关心社会上流行的东西，使稿件符合潮流。

第二节 求真与务实

每篇稿件写完后都要进行一定的修改，有些字词需要不停地推敲，有些病句则要改用正确的语法进行表达。最近，童童看到了几篇稿件，一点病句和错字都没有，但是小闻老师却说，稿件出现了问题。

🔍 作者的名字正确吗？

最近，童童编辑了一篇学生作文，小作者的名字叫候××。童童看来看去，总觉得哪里不对，最后发现，作者的姓——"候"有点问题。她认识的"侯"姓人士，"侯"字中间都没有短竖，她想了想，觉得应该是打字的时候打错了，于是把作者的姓改成了"侯"。

那么小作者的姓到底是"候"还是"侯"呢？一旁的乐乐有点不放心，他翻出《现代汉语词典》，查了"候"和"侯"这两个字，两个字的解释中都有姓的条目。也就是说，这两个字都可以作为姓。他又在百度里搜索了一下，发现"侯"是一个常见的姓，"候"则是一个罕见姓。于是，仔细的乐乐打电话找到了小作者，亲自跟他确认，小作者果然姓"候"，而不是"侯"。

小闻老师知道了这件事后，表扬了乐乐，并对童童说，做编辑贵在求真和求实，不能主观臆断。

我知道了，以后碰到吃不准的事情，就去找乐乐帮忙。

乐乐也不是超人，不能解决所有的问题。为了找到正确的答案，编辑要永远保持求真务实的态度。就像一名出色的侦探，必须想尽一切办法，找到真相。

我们来看看下面的这篇例文吧。

2019 年是中华人民共和国成立 70 周年。2019 年 10 月 1 日上午 10 点左右，中共一大会址门口，有游客举着党旗合影，也有游客手拿一面小国旗有序地入馆参观……

"主要是想从小培养她的爱党爱国意识，利用国庆节上好一堂爱国课。"7 岁的宋灏辰已经是第 3 次来中共一大会址了，宋灏辰的父亲告诉记者，连续 3 年国庆节，一家三口都会来中共一大会址参观，从女儿读幼儿园中班就开始了，今年女儿上小学，刚好已经 3 年了。

一家三口参观得很认真，宋灏辰问题不断，似乎对什么都很好奇。"1921 年 7 月 23 日，中国共产党第一次代表大会在上海召开。1949 年 10 月 1 日，中华人民共和国成立。"参观中，宋灏辰的父亲将这两句话端正地写在了纸上，7 岁的宋灏辰拿着纸默读了好几遍，她告诉记者，这是两个应该牢牢记住的日子。

宋灏辰的父母都在国企工作，两人都是中共党员，今天早上他们给女儿看了北京天安门升旗仪式的视频和图片。"十分震撼，女儿一动不动地盯着看，"宋灏辰的母亲说，"相信女儿同样也被感动了，希望她永远怀着一颗对党和国家的热爱和崇敬之心。"

上面这篇例文中，有没有错误呢？

我们都看不出来。

问题就出在"中国共产党第一次代表大会"上，这个说法不准确，必须改成"中国共产党第一次全国代表大会"，或者可以简称"中共一大"。

一篇稿件中往往会出现很多不同的细小的差错，这种差错并不起眼，不仔细研读，就会从眼皮底下溜走，而一旦见报就会贻笑大方。

上面这个例文乍一看没有什么问题，但是，"中国共产党第一次全国代表大会"是一个非常重要的会议，它的召开标志着中国共产党的正式成立。作为一个专用名词，漏了"全国"二字是一个很重大的错误。

请你想一想，为什么"中国共产党第一次全国代表大会"一定要有"全国"这两个字？可以通过询问老师，或者查找资料来获得答案。

小闻老师说

就像在工厂里，如果不绷紧安全生产这根弦，那么就很容易发生事故；作为一名编辑，如果不认真地看稿，不绷紧稿件质量这根弦，那么就很可能发现不了这种基于事实的错误。因此，一名合格的编辑，应该具备一颗求真、求实的心，绝不可放松对自己的要求，得过且过。

● 一起来试试

请修改下面这篇稿件中的错误。

这段历史，苦难却也精彩

3月8日，在黄浦区青少年科技活动中心举办了《上海小囡的故事》三部曲读书交流分享会。来自上海市黄浦区卢湾二中心小学、上外附属大境初级中学师生代表，分享了自己阅读著名儿童文学作家孙毅创作的《小银娣的悲惨童年》《战斗在敌人心脏里的少年队》《野小鬼与野小狗的故事》三本小说的感受。这三本书讲述了从30年代至50年代，在中国共产党的领导下，一批上海有志少年儿童的觉醒和成长。

记者发现，参与分享会的同学大多都是第一次接触描写这一时期青少年生活的儿童文学作品。上海市黄浦区第一中心小学的曾子杰同学告诉记者，自己平时对中国古代历史故事很有兴趣，读了《战斗在敌人心脏里的少先队》才第一次真切地感受到70多年前的少年生活是这样的。

如今描写中国古代的儿童文学作品如雨后春笋般出现，但反映近现代中国发展历程的儿童文学作品却鲜有佳作。近代中国的历史是屈辱的、苦难的，也是斗争的、波澜壮阔的，青少年学生需要有优秀的儿童文学作品来了解这段中国故事。

地铁线路里埋的"小地雷"

　　童童编辑了一篇稿件，乐乐看了觉得有问题，可却说不清楚。童童不服气，找到了小闻老师。

　　改革开放以来，上海发生了翻天覆地的变化，其中就包括地铁的建设。上海的"地铁梦"，始于20世纪60年代初浦东农田里的多次试验。改革开放为上海地铁的发展插上了飞翔的翅膀，几代"地铁人"攻坚克难，创造了"豆腐里打洞"的奇迹，终于在1993年5月28日圆梦——1号线徐家汇站到锦江乐园站建成通车，上海地铁实现了"从无到有"的发展。截至2024年9月，上海地铁运营线路共20条，运营里程共8310千米（含磁浮线，不含金山铁路）。地铁已完全融入市民生活，不仅是主要的出行工具，也是滋养情怀、传递文明的城市第二空间。

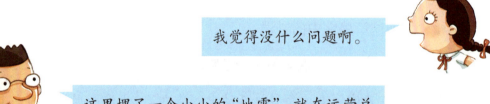

我觉得没什么问题啊。

这里埋了一个小小的"地雷"，就在运营总里程上。乐乐的感觉是对的，"8310千米"这个数字太大了。告诉你们，上海到莫斯科的距离大概7000千米，你们觉得把上海地铁线路的运营里程加起来，能跑到莫斯科吗？因此，上海地铁"运营里程共8310千米"是不对的，应该是"831千米"。

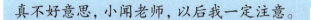

真不好意思，小闻老师，以后我一定注意。

没有关系，编辑都是在犯错中成长起来的。乐乐前两天编辑的一篇稿件，也和你一样，发生了类似的错误，我们一起来看看问题出在哪里吧！

春天来了

　　小野花盛开，成片的绿草开始摇摆，春姑娘穿着美丽的衣裳，笑着向我们走来。一缕缕金黄色的阳光洒向刚披上新装的草地，阳光照耀着小草身上的露珠，露珠显得晶莹透亮，美丽极了。小麻雀抖了抖毛茸茸的小翅膀，跟着春姑娘的脚步探出了脑袋！听，风在歌唱，花在微笑，调皮的小麻雀悄悄地从冬眠的树洞里飞了出来！它俯视大地，大地生机勃勃，散发着清新的气息。远处，风儿抚弄着庄稼，时而把庄稼吹弯，时而把庄稼扬起，仿佛大地在进行有节奏的呼吸，那一片片庄稼似乎也有了生命。

　　……

　　同学们，你们看出问题在哪里了吗？对啦！问题出在小麻雀身上，麻雀是不冬眠的。麻雀的羽毛能够保持自身高达 40~42 摄氏度的体温。一到冬天，麻雀的羽毛就会膨胀，里面含有许多空气，具有特殊的保温功能。要散热的话，麻雀就把羽毛放平，紧紧地贴在身上。到了冬天，麻雀的活动时间比较少，白天会出去寻找食物，晚上就回到窝里。因为这里出现了知识性的错误，所以乐乐才会被退稿。

　　不管是地铁线路，还是冬眠动物，这两个案例所反映出来的问题都是知识性错误。对于编辑来说，纠正稿件中的知识性错误是很重要的一项任务。不过，每个人所掌握的知识和技能都是有限的，不可能像电脑一样储存海量的信息并能够随时取用。那么，作为小编辑，如何才能找出稿件中的知识性错误并将它改正呢？除了不断地学习增加自己的知识储备之外，还有一个关键，就是要有存疑精神和探索

精神。

　　对任何不确定的问题都要打一个问号，然后去求证一下。比如，对于上海地铁运营总里程的问题，如果觉得"8310 千米"这个数据有点可疑，那么完全可以到权威网站上搜索一下，马上就能知道答案。麻雀是否冬眠的问题也一样。编辑需要认真核实每一个知识性问题，一旦觉得与自己掌握的知识存在差异，或者自己对这个问题一点都不了解，那就要及时地进行查验，比如查词典、查询权威网站寻找可靠的答案。如果仍不能解决问题，那么还可以找到稿件的作者，与作者本人进行确认，甚至可以联系相关领域的专家进行咨询。总之，要做好一名小编辑，在重要的知识性问题上绝不能妥协，一定要像科学家一样，有一股执着的探究精神。

小闻老师说

　　一名合格的编辑，需要让自己始终处于学习的状态，这种学习不仅指被动地接受知识，还包括对未知的思考和探索。每一个人的认知都是有限的，也许对你感兴趣的，或者你曾经学习过的内容，你非常了解，但是除此以外，你可能知之甚少。同样，一个人的知识结构也可能存在欠缺，比如有些人偏爱文学阅读，有些人喜欢科学探索，也有些人喜欢理性地分析和解读。有的人语言能力特别强，有的人则动手能力特别强。因此，一名优秀的编辑应该对任何领域的知识都有所涉猎，通俗地讲就是什么都懂一些。同时，一名优秀的编辑还应该是一个质疑者和求证者，不论对语句、数字、结论，甚至某个人的名字，都要认真地想一想，它一定是正确的吗？并认真地考证与核实。

● 一起来试试

请修改下面这篇稿件中的错误。

丢包袱——丢掉树叶保存体力

　　我们生活的这座城市中，有很多植物的叶子都会随着季节变色而变化，从春夏季的绿色，秋季渐渐变红或变黄，然后开始掉落。冬季，像梧桐、银杏、樟树这样原本枝繁叶茂的植物已经变得光秃秃的了。

这些植物为什么到了冬天就丢掉树叶，叶子都掉光了，它们不冷吗。要解释清楚植物冬天掉叶子的问题，还得从它们夏天枝繁叶茂时说起。可能有小读者在夏天做过植物叶片的蒸腾试验：用一个透明塑料袋把一株植物包起来，扎紧，不久后会发现塑料袋内有水汽出现。这就说明植物的叶片有蒸腾作用，它们会把吸到的水分蒸发出来，而蒸发出的水份有降温的作用，正是这一点，夏天时我们在树阴下会觉得比在大太阳下温度低。但是这一点到了秋冬季对于植物的生长就非常不利，因为到了秋冬季，气候转冷，植物要"休息"了，它们的根开始减少吸收水分，这时候如果叶子继续像春夏季时那样，大量流失水分的话，那么植物会渴死，所以到了秋天以后，植物开始慢慢丢掉身上的叶子，这样才能更好地保存水分，帮助自己安然过冬。

第三课　我们离小编辑有多远？

第一节
点亮技能，增长学识

我明白了，如果我们能把稿件修改好，再起个好标题，那么就能胜任小编辑的工作啦！

"煎炒烹炸"很重要，不过我们"烧"什么呢？

乐乐问得非常好。对于一名编辑来说，修改稿件的水平需要修炼，但在这之前还有一个更重要、更基础的任务——选稿，也被称为"把关"。因此，编辑还有一个特别的称呼，叫"把关人"。

哇，好酷！听起来也不难。

既然你们信心满满，那我就来考考你们。

　　假设你是《少年日报》的小编辑，收到下面这些新闻内容，你会选用哪些？

　　（1）在商务部例行新闻发布会上，新闻发言人对近期猪肉以及部分水果蔬菜价格上涨作出回应：总体来看，肉类、鸡蛋、蔬菜、水果等生活必需品的市场供应是有保障的，能够满足消费者的需求。随着蔬菜上市量的增加，肉类消费进入淡季，猪肉、蔬菜价格呈回落态势。

（2）一款由小学生自主研发设计的垃圾分类软件在各大应用商城上线，它的设计者是五年级的张梓奥。张同学自主研发设计的垃圾分类软件不仅界面简洁、内容明晰，还特别设计了垃圾分类 PK 小游戏，可以让使用者通过在线比拼，了解更多的垃圾分类小知识。

（3）来了，来了！神秘天体黑洞终于被人类"看到"了。2019 年 4 月 10 日，由"事件视界望远镜"捕获的人类首张黑洞照片问世。这个超大质量黑洞的质量是太阳的 65 亿倍，它距离地球大约 5500 万光年。它的核心区域存在一个阴影，周围环绕着一个新月状光环。

（4）2019 年 6 月 1 日，"2019 共访丝绸之路——沪港陇三地大学生联合社会实践"开营仪式在上海交通大学逸夫楼一楼举行，来自上海交通大学、香港大学、香港城市大学、香港理工大学、香港科技大学、兰州大学的 53 名本科生、研究生共同参与了开营仪式。

（5）2019 年 4 月，一位网友在互联网上分享了一段视频：一只黑猩猩熟练地使用智能手机观看视频，并进行"返回""下滑浏览"等操作，动作非常娴熟。

《少年日报》的读者主要是和我们一样的小学生，第一条新闻内容和小学生没什么关系吧！

第四条也是，讲的是大学生活动，和我们小学生有点距离。

虽然不完全对，但你们能想到"报纸给谁看"这个问题已经不容易了。其实这个选择稿件的过程，就是一种把关。

小闻老师说

通俗来说，把关就是判断，即判断某篇稿件能不能出现在报纸上、安排在什么位置、篇幅要不要删减等等。

在互联网时代，人人都是信息的发布者，提供了海量的第一现场的信息。因此，有人认为，编辑这种职业已经可以淘汰了，这种想法对吗？

当一名"专"家

原来不是所有新闻稿件都能用啊！

从某种意义上来说，编辑要练就的专业本领比记者多。

小闻老师，听说您不仅当过编辑，还获得过不少奖项，能给我们讲讲诀窍吗？

我们先来讲讲把关的诀窍，还记得新闻的几大特点吗？没错，时效性、重要性、接近性、趣味性等等，编辑在选稿时也要依据新闻的这几大特点。比如《校内课后服务延时 走进放学后的 150 分钟》和《谁让"值日"变了味》这两篇稿件，内容都很充实，都可以作为头条新闻来刊发，但是前一篇的时效性更强，所以编辑优先选择了它。

当然，把关是最基础的，编辑在选定稿件后，还要对稿件进行加工、整理、校对。厉害的编辑还会通过"看透"稿件背后的意义，指导作者让"不可用"的稿件变成"可用"甚至是重要的稿件。

此外，编辑还要有点"艺术天分"，就好比制作电脑小报，稿件之间怎么组合、篇幅都一样还是有长有短、图片怎么配、标题怎么设计等等，都是有讲究的。

原来编辑不仅要会判断、修改一篇稿件，还要考虑整个版面啊！

看来我们离小编辑还有些距离，有什么方法可以缩短差距吗？

小闻老师说

让我们一起来看一下小编辑的修炼秘籍吧。

（1）每天保证一定的新闻阅读时间，内容要广泛，既有国内的又有国外的，知晓天下事。

（2）收集优秀的报纸版面，学习长处。

（3）提高语言表达能力和文字功底，这是修改稿件所必须具备的技能。

（4）如果你能根据看到的、听到的信息，主动发现值得报道的选题并告诉记者，那就更棒啦！

● 一起来试试

现在我们知道了，编辑在选稿时要考虑时效性、重要性、接近性、趣味性和舆论导向等等。之前的新闻内容，你认为哪些适合放在《少年日报》上呢？请在后面的括号中打钩。

（1）肉类、鸡蛋、蔬菜、水果等食品市场供应有保障　　　　　　（　　）

（2）小学生成"技术流"　自创垃圾分类 App　　　　　　　　　（　　）

（3）人类"看到"了黑洞　　　　　　　　　　　　　　　　　　（　　）

（4）沪港陇三地大学生共访丝绸之路　　　　　　　　　　　　　（　　）

（5）黑猩猩玩智能手机居然这么厉害　　　　　　　　　　　　　（　　）

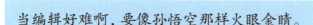
编辑也是一名"杂"家

当编辑好难啊,要像孙悟空那样火眼金睛。

是啊,还要像作家那样会写。

可不止呢!要当好一名编辑,还要像武侠小说里的百晓生那样,什么都要知道点。

在选定稿件后,编辑的主要工作就是修改稿件。修改包括"改错"和"改好"两个环节,"改错"是基本,"改好"是升级。

"改错"指的是编辑要检查新闻事实有没有写错、是不是违反常识、是不是不合理等等。新闻内容的覆盖面很广,包括时政、科技、教育、体育、旅游、财经、军事等等,每个领域都有相关的专业知识。因此,编辑自己需要先知道对与错,才能找出稿件中的问题。

"改好"也是很重要的一步,最简单的"好"是要让读者看懂。如果作者通篇写的都是非常专业的名词,那么普通读者很难看得懂。因此,编辑要先吃透作者写了什么,把稿件内容编得通俗、易懂、准确、通顺。这就要求编辑拓宽自己的知识面,特别是对于版面中经常出现的新闻主题更要多关注。

我们平时要多读书、多提问,把自己的大脑"武装"起来。

略知一二还不够,最好"略知二三"哦!

这其实是新闻编辑界大名鼎鼎的罗竹风爷爷对编辑的要求。

罗竹风是中国著名的语言学家、出版家,参与编纂了《辞海》《汉语大词典》,还写过好几篇和编辑相关的文章,比如《杂家——一个编辑同志的想法》等。他提出,编辑应该是一名杂家,也就是要对各个领域的各种学问都有所了解,并且略知一二还不够,最好是"略知二三"。

因此,编辑除了要会修改稿件,还要学习广泛的知识。编辑不应该只看自己喜欢看的内容,科技、地理、生物、美术、传统文化、社会、体育、环保、医学等方方面面的知识都要学。

小闻老师说

编辑的"知识仓库"越满,看问题就能越全面,这能帮助编辑判断某篇稿件是不是违反常识,有没有矛盾的、不对劲的地方。在有的版面上,编辑还会与读者进行互动,编辑首先要理解文章中的专业知识,然后才能把它用通俗的话解释给读者。

● 一起来试试

假设你是一名小编辑,你面对的读者是幼儿园小朋友。请你在查阅相关资料后,把下面这篇关于垃圾分类的新闻,改编成适合幼儿园小朋友阅读的新闻。

在上海市静安区石门二路街道,首个线下环保体验站于2019年4月投入运营。记者发现,这里不仅可以完成可回收物的交投,还能体验资源再利用的过程。

　　"这个印有二维码的环保袋是我们推动垃圾分类中可回收物循环利用的载体。"相关负责人正在介绍着白色的环保袋。在申领后居民可以获得这个大大的环保袋,在平时生活中把可回收物投入袋中。当袋子装满后,可以通过专门的 App 呼叫回收员上门回收。回收后,相关运营方依托后台对可回收物进行专业分类处置。与此同时,居民每次交投后都有数据追踪及反馈,显示有关分类质量的信息。"每个二维码都相当于一个身份证,通过大数据的统计,我们会分析用户在分类过程中有哪些问题,也能确保每次交投都可以溯源。"

　　童童觉得编辑不可能什么都知道,遇到不懂的查"百度"拷贝答案就可以了。你觉得这样可行吗?

第二节　修炼文字功底

下面这篇新闻稿件中，有两个错别字，请你圈出并改正。

前不久。在国际乒联博物馆和中国乒乓球博物馆，来自美国、德国等 18 个国家的外国青年运动员和中国青年运动员、乒乓球爱好者切挫球技，这为想要获得 2018 年青奥会参赛资格的运动员提供了集中训练和赛前准备的机会。

来自埃及的青年运动员 Mariam 从 8 岁开始参加正式训练，到现在已经打了 10 年乒乓球。她告诉记者，中国的乒乓球训练和埃及的乒乓球训练有很大不同，比如在埃及没有很大的训练量，但在中国，选手每天都要画好几个小时训练，教练也更专业。Mariam 相信，这次友谊赛会促进两国乒乓球界的交流，提升自己的技能水平。

我发现第一个标点也错了。

你看得很仔细。改字词错误、标点错误是编辑的基本功，这些错误是不容置疑、必须改正的。在第 26 届中国新闻奖的评选工作中，审核委员会发现，381 件作品中存在 928 处差错，有差错的作品占审核作品总数的 42.8%。其中，主要问题是文字差错，其次是事实性差错和标点符号差错。

文字作品中有哪些常见差错?

（1）文字差错
　　① 明显的错误字词　② 同音字词的误用　③ 生造的词语或表达
（2）事实性差错
（3）标点符号差错
（4）词语缩略不当
（5）词语搭配不当
（6）词语重复
（7）句子成分缺失
（8）语句杂糅
（9）前后表述不一致
（10）外文使用不规范
（11）疑似造假

（来源：中国记协）

当然，修改还要继续，改出错误只能拿"60分"，编辑还要对稿件进行优化，争取拿到"80分""100分"。

精准，再精准一点

是不是把错别字、错用的标点符号都挑出来，就能拿"60分"了?

如果把修炼文字功底比作打篮球，那么改错别字和标点相当于只是会拿球，还要学会运球、传球、投篮等等。举个简单的例子，下面三个新闻标题里，用了同一个成语。

- 全球时刻合并链客商城，成为炙手可热的社交电商服务商
- 炙手可热的数据科学和大数据专业，你了解多少？
- 专业的密码｜这个专业，将成为医疗行业炙手可热的紧缺型专业

我找到了，是"炙手可热"。

动手翻翻词典，炙手可热是什么意思？

炙手可热，手一靠近就感觉热，形容气焰很盛、权势很大。

炙手可热带有"使人不敢接近"的意思。

的确，这三个标题原本想说的是"吃香"，却用了带有贬义的炙手可热，导致了意思的不准确。

编辑应时刻对文字保持着一种"敬畏之心"。一篇好的新闻稿，每个字词都是编辑细细琢磨出来的，为的是力争做到精准。

精准虽然只有两个字，背后却有很多要求。首先要准确，除了不能有字词错误、标点错误、成语错用之外，还不能出现语法错误，比如搭配不当、意思重复等等。第二是精确，汉语词语非常多，部分词语虽然意思有重叠，但细细琢磨，其中还是有不同的，比如同样表达"看"的意思，"仰视""注视""打量""浏览""瞻仰""盯着""瞪着""斜视""环顾""眯眼瞧"等等，每个词语的含义和情感色彩都不同。

小闻老师说

编辑的文字表达，至少要符合以下这些要求：

（1）没有错别字。

（2）没有错用成语。

（3）没有词语搭配不当。

（4）同一句话里，没有词语意思重复。

（5）没有指代模糊（例如句子中出现的人称代词是否指代明确，若不明确，则可以替换成具体人名）。

（6）规范使用标点符号。

● 一起来试试

下列每句话都有不够精准的地方，请找出来并修改。

（1）经过整治，一些问题有了进展。

（2）佳佳决定改掉不好的坏习惯。

（3）在纪念碑前，小学生满怀崇敬地打量着。

（4）公园里约有一百个左右的垃圾桶。

编辑在收到的稿件中遇到模棱两可的描述，应该怎么办？

少一点，再少一点

上次我以小记者的身份，写了下面这篇一千多字的新闻，结果被删去了好几段。为什么呢？

我们一起来读读你的稿件，看看编辑删去了哪些内容。

科学之夜：暑假的快乐打开方式

如果这周你去上海城市规划展示馆，那么你会发现这里充满了科学元素：神奇泡泡秀、科学之声、陶瓷捏塑、VR 体验、奇幻小舞台……原来，这是 2018 年上海科技节最酷炫的品牌活动——"科学之夜"。本次科学之夜的主题是"关注科学，关爱城市"。开幕第一天，本报小记者受邀探访，在玩乐中感受科学的魅力与城市的发展。

馆内设立了科学游乐园、VR 体验厅、科普体验室、大师演播厅等主题活动区。其中 VR 体验厅是核心项目之一，将城市安全、魅力上海、城市微更新等内容融入其中。比如在"即刻未来——岳阳路"中，小记者戴上 VR 眼镜，"穿梭"在现在和未来的岳阳路之间，感受上海永不拓宽的道路的魅力。

底楼大厅中，一个由许多线条组成、以中国红为元素的"大家伙"——大型科学装置"科学之声"也十分引人注目。戴上耳机，小记者听到科学家正探讨"天宫一号""天宫二号"带回的宇宙之声，仿佛站在科学家身旁一样。

~~上海城市规划展示馆在展示手段上以传统与现代相结合，突出高科技的运用，体现了综合、开放、公众参与的特点，是一座底蕴丰厚、设施完备、全面展示上海形象的专业性场馆。展示馆占地面积约 3600 平方米，总建筑面积 20670 平方米，地上 6 层，地下 2 层。展示馆内有按上海市实际面积缩小 500 倍制作的城市模型、20 世纪 30 年代的上海老街风貌，以及采用 VR、幻影成像等高新技术手段呈现的上海未来都市景观。展示馆既是上海的标志性建筑之一，也是人民广场附近的都市旅游亮点之一。~~

　　活动现场,小记者遇到了许多同龄人和他们的家长,上海科技节丰富的活动体验让他们在炎热的暑假里"玩"了一把,寓教于乐,是一次开心而放松的亲子活动。

　　在上海学习生活的沙丽雯同学说,之前她对上海最大的印象是东方明珠,VR体验让她领略了这座城市的全景,让她更了解了自己居住的城市。另一位龚彦宁同学跟随父母长期居住在美国,这是她第一次来上海旅游,也是她第一次体验VR眼镜,她感叹上海科技发展的迅速与VR体验活动的妙趣,马上要结束旅程了,她对上海这座繁华都市的种种非常留恋。还有一位李亦尧同学感到保护老建筑非常重要,因为老建筑承载着许多历史,如果他是一名城市规划师,那么肯定会把这些老建筑全部留下,不允许人们随意拆除。

　　上海城市规划展示馆公众参与部的薛佳老师告诉小记者,科学推动城市的发展,城市催生科技的进步,通过各种体验与互动,希望让大家看到上海的过去、现在和未来,形成尊重城市文明发展成果的自觉。

　　上海,作为小记者出生和成长的地方,正以日新月异的速度发展着。科技,作为上海城市之心,也正以让世人惊叹的速度进步着。上海城市规划展示馆其实是为我们年轻人建造的,它承载着老一辈科技人才对年轻一辈的殷切希望。当长大后的我们回顾上海这座城市发展的点点滴滴时,希望我们能够回忆起老一辈科技人才传承下来的科学知识,以及他们对上海城市发展的巨大贡献。科技的传承与创新标志着城市发展的明天,我们年轻一辈肩负着国家未来的希望,让我们共同努力创造更美好的城市家园吧!

乐乐，你写的是上海科技节，怎么去介绍上海城市规划展示馆啊！

如果记者给的稿件太长、太啰唆，并且与新闻主题无关，那么编辑需要对稿件进行"浓缩"。

新闻稿件不是越长越好，特别是在当今的"快餐阅读"时代，人们甚至只读标题，所以新闻，特别是消息，能用一句话说清楚，就不要用两句话，这样读者就能一目了然地知道新闻讲的是什么。

除了把啰唆的句子"浓缩"，编辑还要判断稿件里的内容是不是都有必要刊登。就拿乐乐的稿件来说，乐乐报道的是上海科技节，但在文中加入了上海城市规划展示馆的相关情况和自己的采访感受，这些内容和上海科技节本身无关，所以编辑就把这些内容删去了。

我们刚学过"有的放矢"这个成语，新闻稿件也要有的放矢啊！

在编辑新闻稿件时，能为了"浓缩"文字而牺牲"精准"吗？为什么？

小闻老师说

"凝练"是新闻语言一个重要的特点。这里所说的凝练，不仅要求不啰唆、文字简练，更重要的是能用少而精的文字，准确、全面地反映新闻内容。

● 一起来试试

下面这篇稿件中,是否有需要删去的内容?

坏习惯"偷"走了睡眠时间

世界睡眠日到来之际,《少年日报》对两百名小学生进行了一次睡眠状况调查,结果发现,不少同学认为自己睡得晚不全是因为作业多,而是和自身的学习习惯有很大关系。

睡眠是生命的需要,人不能没有睡眠。过高的枕头会破坏颈椎的自然弯曲度,使颈后的肌群和韧带紧张、僵硬。如果早上起来感觉脖子变得僵硬、活动不便,并且前一天没做过什么大幅度的运动,那么就要考虑是不是枕头过高而落枕了。

做作业时"开小差"是导致同学们做作业效率低,进而睡得晚的主要原因之一。小唐曾是一个"作业困难生",因为喜欢一边做作业一边看漫画,所以即使作业不多也要拖拉到晚上十点以后。小唐喜欢看漫画,他介绍漫画是用简单而夸张的手法来描绘生活或时事的图画,一般运用变形、比喻、象征、暗示、影射的方法,构成幽默诙谐的画面或画面组,以取得讽刺或歌颂的效果。他喜欢中国漫画,也喜欢日本漫画。还有同学提到,每天学校作业做完了,还有很多由家长和校外兴趣班布置的额外作业等着他们,睡眠不足导致"第二天整个上午都晕乎乎的"。

"关键还是那些不好的学习和做作业习惯偷走了我们的睡眠时间。"意识到自身问题后,同学们根据自己的情况制订了不同的调整方法:有的打算"养成今日事今日毕的习惯,改掉拖延症",有的提出"根据学校的作业量,安排课外作业的多少",还有的计划"做作业前先把作业归类,按学科一门一门完成"。在他们看来,充足的睡眠时间不仅保证了第二天的学习状态,更是健康的基础。

有力，再有力一点

编辑只能把稿件删短吗？

并不是。编辑既要会做"减法"，也要会做"加法"，根本目的都是让新闻稿件更具有传播力。

删短稿件是做"减法"，相对应的"加法"就是增加内容。当一篇稿件中少了必须要有的内容，就要进行补充，这样读者才能更完整地了解这篇稿件的主题和意义。比如有一次，编辑收到一条短消息，大致内容是：象棋大师徐超走进学校与学生互动，在他讲述的自己与象棋的故事中，同学们明白了什么是坚持不懈、拼搏进取，体会了棋德、棋品的重要性。徐超是谁？他有什么特别的身份？他的经历为什么有启发性？这些内容记者都没提到，但对于这篇稿件而言是必须要有的，否则就失去了报道的价值。因此，编辑要第一时间请记者增加相关内容，并查阅资料进行核实。

有时编辑也会遇到新闻稿件的主题不明确的情况，在记者认可的前提下，要动脑筋，把主题"掰回来"，把文体"改好"。

文字传递了信息，同时也是一种文化符号。每个作家都有自己的写作风格，编辑也一样，改写的稿件既会形成个人的编辑风格，也是报纸整体的文化符号。但无论如何修改，都要遵循"忠于事实"的原则，这是记者、编辑都不可以违反的底线。

小闻老师说

新闻稿件的用词要精准，内容要精练且忠于事实。掌握了这几点，编辑的工作就能变得有的放矢。一个合格的编辑还需要不断地提高自己的文字功底，让新闻变得更有价值。

● 一起来试试

读一读下面的新闻，你认为怎样调整，可以使这篇新闻更有传播价值?

沪剧传承人　送戏进社区

放学后、双休日、寒暑假，上海市浦东新区顾路中心小学"小丫丫"艺术团的同学们会利用这些课余时间，活跃在社区文化艺术节等各种社会公益活动现场，让社区居民现场感受沪剧的魅力。

在传统印象中，沪剧是老一辈人的爱好，可"小丫丫"艺术团的同学们是打心底里喜欢沪剧，各个都是"沪剧迷"。团里的陈思雅同学老家在江苏，起初报名学沪剧是希望多学一种方言，但听了沪剧后她立刻被那种极富江南丝竹韵味的曲调吸引。团里的顾天悦、顾天怡姐妹俩还经常表演给"老沪剧迷"爷爷奶奶看，爷爷奶奶最爱看沪剧节目。"现在他们不用开电视机，听我们唱就可以啦!"

渐渐地，"小丫丫"艺术团的剧目越来越成熟，名气也越来越响了。虽然演出常常安排在双休日、节假日，会与同学们的兴趣班时间冲突，但是大家都坚持以演出为先，用实际行动做沪剧的小小传承人。

提示：沪剧是国家级非物质文化遗产之一，流行于上海和江苏、浙江的部分地区。

第四课 好标题是怎么改出来的？

第一节
什么是新闻标题?

乐乐,告诉你一个秘密,我现在有"未卜先知"的能力,只要看标题就能知道某篇新闻稿件讲的是什么,厉害吧!

这有什么大惊小怪的,我也可以。

老师也行哦! 不过,这可不是我们厉害,是新闻标题"厉害"。

　　标题好似一篇文章的眼睛,新闻标题就是一篇新闻的眼睛。好看的眼睛能吸引人,好标题也是吸引人阅读的"法宝"。

　　很多人都说,现在我们是"读题时代""读图时代",这是因为每天的生活节奏很快,加上互联网带来的海量信息,让人们连标题都看不过来,更何况读完一篇篇文章呢? 所以,如果一个标题能抓人眼球,那么它就有机会吸引尽可能多的读者去阅读,新闻的传播范围也就更广了。

　　如果一个新闻标题能让读者"未卜先知""一眼看穿",那么说明它是一个合格的标题——做到了新闻标题最基本的"揭示、评论新闻内容,让人快速了解新闻内容"的要求。如果该标题还能在众多标题中脱颖而出,那么它就能称得上是一个好标题——为新闻稿件"画龙点睛"。

哇! 新闻标题好不好,真是至关重要!

是的,构思标题可是很费心思的脑力劳动呢!

● 一起来试试

请对比下面几组新闻标题，和小伙伴讨论一下，哪个更吸引人吧！

（1）① 我国自主培育出世界首例
　　　　基因编辑克隆犬 "定制"动
　　　　物 "批量生产"成为可能
　　　② 中国创造世界首例基因编
　　　　辑克隆犬 掌握基因"定
　　　　制"动物前沿技术

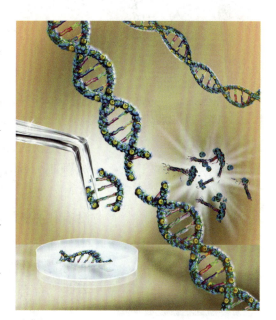

（2）① 收养脑瘫儿14年 环卫工
　　　　夫妇感动众人
　　　② 西安环卫工夫妇收养脑瘫
　　　　儿不愿遗弃

（3）① 6张停工通知书为何管不住
　　　　1个违法项目？
　　　② 多次下达停工通知书无效

 　　报纸新闻版面上，常常会出现一个标题中有的字大、有的字小，字体有时也会不同的情况。这是为什么呢？

🔍 新闻标题与作文标题有区别 ☰

起标题看起来难不倒我们，每次写作文不都要写标题嘛！

这可就错了！新闻标题和作文标题有很大的区别呢！

"老师，我想对您说""失败的滋味""当电话铃声响起"等作文题目，想必很多同学都写过。如果它们出现在报纸的新闻版面上，那你肯定会觉得这是印错了吧！

那么，新闻标题和作文标题具体有什么区别呢？通过下面几个例子，我们一起来感受一下。

（1）作业 App

（2）近八成学生使用作业 App

（3）该管管了！乱象横生的作业 App

这三个标题都和作业 App 有关，它们都是新闻标题吗？根据新闻标题的功能——要让读者快速了解新闻内容，不难判断出第一个不是新闻标题，因为它没有概括新闻内容。

再来对比一下第二个和第三个，虽然两者都是新闻标题，但它们又有区别：前者没有感情色彩，而后者是"有态度的"。

由此可见，新闻标题和作文标题的功能是不一样的，新闻标题的"首要职责"是告诉读者这篇新闻讲了什么，它还会告诉读者编辑对这篇新闻的看法，而作文标题却不需要。

小闻老师说

和作文标题的含蓄性相比，新闻标题往往是一目了然、一语破的的。新闻标题的基本作用在于提示、组织、评价新闻内容，引导读者阅读、理解新闻，满足读者获取信息的需求。

● 一起来试试

请为下面的标题分类，并将其和对应的标题类别连起来。

有趣的"地下旅行" •

校园建造美术馆：作品"快闪"，场馆"永驻" •

用艺术设计讲好"美丽中国"故事 •

古老的玩具 •

登上"泰山之巅" •

小学生为铺路工人解难题 •

用非遗"剪纸"讲述幸福生活 •

给小锅"洗澡" •

魔法夏令营 •

• 新闻标题

• 作文标题

 有人说，作文标题可以诗情画意，新闻标题只能"硬邦邦"，你赞同吗？

🔍 新闻标题的家族成员 ☰

小闻老师布置的找标题作业，你完成了吗？

当然，瞧瞧我的剪报本，我找到了好几种新闻标题呢！

这段历史，
苦难却也精彩
——青少年需要更多讲述近代
中国故事的儿童文学作品

乐乐，这"好几种"你是怎么归类的？

标题的行数呗！上面的两个是两行标题，下面的一个是四行标题。

不对，肯定不能按行数归类。小闻老师说过，在设计新闻标题时会通过改变字号、字体来美化版面。

童童说得对。一般来说，新闻标题可以分成单一式和复合式。有的标题虽然是两行，但却是连在一起的一句话，那么它仍然是单一式的新闻标题。

那什么是复合式的新闻标题？

我们请新闻标题的核心成员——"主题"来介绍一下吧！

我叫主题，是复合式新闻标题中最核心的部分，缺我可不行！我的任务是告诉读者新闻中最重要的内容来吸引读者阅读。因为我很重要，所以我的字号最大也最显眼，是"C 位"哦！

除了我，复合式新闻标题还有引题、副题两位成员。

顾名思义，引题具有引出主题的功能，因而每次它都排在我的前面。通常它会告诉读者新闻的背景，也是渲染气氛的"小能手"。

副题就是我的"副手"啦，通常用它来补充、解释主题，比如主题里没有提到但也非常重要的信息或者事件的结果等，因而它的位置在我的后面。

当然，不是每个复合式新闻标题都需要我们三个成员同时"出马"。我们是这样搭档的：

组合 1
引题：交代背景，说明原因，烘托气氛。
主题：概括和说明主要事实和思想内容。

组合 2
主题：概括和说明主要事实和思想内容。
副题：提示报道的事实结果，补充说明主题的内容。

组合 3
引题：交代背景，说明原因，烘托气氛。
主题：概括和说明主要事实和思想内容。
副题：提示报道的事实结果，补充说明主题的内容。

我知道了，新闻标题可以分成单一式和复合式两大类。其中，复合式有三种组合方式，无论哪种都有主题。

那什么时候用单一式,什么时候用复合式呢?

如果新闻信息较为单一,那么通常就用单一式标题;如果新闻信息内容丰富、复杂,那么就会用到复合式了。需要注意的是,单一式标题必须是实实在在提示新闻内容的主题。

小闻老师说

　　新闻标题非常重要,它不仅是对新闻内容的概括,而且能够彰显编辑对于这篇报道的基本态度。当然,吸引读者阅读是新闻标题的基本作用。新闻标题包含了主题、引题、副题等等。

● 一起来试试

　　请辨别下面的新闻标题,在括号里填上"引题""主题"或"副题"。
（1）① 石家庄市藁城区　科技惠农落了地(　　　　　)
　　　② 俺用手机"种"蔬菜(　　　　　)

（2）① 福建陆续换发二维码门牌（　　　　）

　　　② 扫一扫　门儿清（　　　　）

（3）① "希望对抗只在赛场上"（　　　　）

　　　② 写在"国际军事比赛——2017"闭幕之后（　　　　）

（4）① 昔日家中保姆　如今百岁"母亲"（　　　　）

　　　② 你养我们的小　我们养你的老（　　　　）

第二节　定标题，有诀窍

起个好标题，真是大学问啊！

如果像数学题一样，有公式可以套用就好了。

愿望是美好的，现实是"骨感"的，好标题可没有固定模式来套用。不过……

不过什么？老师别卖关子啦！

有三个起新闻标题的小锦囊送给你们。

确定标题的诀窍与底线

◎ 锦囊一

从头读到尾，文章要吃透，单一或复合，字词再推敲。

看着童童和乐乐摸不着头脑，小闻老师告诉他们，这是确定新闻标题的四个基本步骤。

从头读到尾：拿到稿件后，首先要做的是把稿件从头到尾、认认真真地读一遍。新闻标题往往提到的是整篇报道中最重要、最吸引人的内容，新闻标题所提及的内容可能出现在开头的导语中，也可能出现在新闻的最后，只有通读整篇稿件，才不会遗漏任何重点。

文章要吃透：通读稿件之后，还必须吃透新闻的内容。所谓"吃透"，不仅要看懂这篇新闻讲了什么，还要从中看出新闻的实质是什么、反映了什么问题、记者写这篇新闻的价值等等，这样才能抓住新闻的精华，把它提炼成新闻标题。

单一或复合：判断这篇稿件适合用单一式还是复合式的新闻标题，然后就可以动笔拟写新闻标题了。

字词再推敲：贾岛推敲诗句的故事想必同学们都知道，写古诗要推敲，写标题也要推敲。因此，拟写好标题后可别沾沾自喜，再看看有没有可以精简、修改的字词，让标题更上一层楼。

● 一起来试试

请为下面这篇稿件修改标题。

原标题：小学生不能骑车

修改标题：＿＿＿＿＿＿＿＿＿

2017年3月26日，上海市一名年仅11岁的男孩在骑行共享单车的过程中被客车卷入车底身亡。这一悲剧为未成年人使用共享单车敲响了警钟。如今，随处可见的共享单车已成为上海街头一景，然而未满12周岁的未成年人不能急于享受这份便利。

放学后，十来个学生来到校门外的共享单车停车点。不一会儿，他们每个人都顺利地解锁了共享单车，骑上了马路……记者看到的这一幕发生在上海市普陀区某小学的校门口。这并非个例，如今，小学生骑共享单车穿梭在街头巷尾并不鲜见。"我的孩子四年级,本来是步行回家的,现在有了共享单车,孩子可以和同学一起骑行回家,我觉得很好啊!"不少父母十分支持孩子骑共享单车上路。然而,无论是家长同意,还是孩子自己觉得好玩,这些家长和孩子都已在不经意间触犯了法律。

"未满 12 周岁骑车上路是违法行为!"从事一线执法工作的李警官在接受记者采访时表示,《中华人民共和国道路交通安全法实施条例》第七十二条明确规定,驾驶自行车必须年满 12 周岁。李警官表示:"会骑车不等于能骑车上路。道路交通情况复杂,未满 12 周岁的未成年人尚未具备预见危险和应变的能力,骑车上路十分危险。"他建议,家长不要把自己注册的共享单车账号给未满 12 周岁的子女使用。

如果确定标题有标准,你们觉得是什么?

越长越好,把新闻中重要的东西都写在标题里。

不对,新闻标题要好玩,要吸引读者阅读才是"王道"。

你们都答错了。新闻标题是新闻的一部分,想一想,新闻的生命是什么?

真实是新闻的生命,同样地,真实也是新闻标题的底线。如果编辑没有通读文章、吃透内容,那么很容易出现文不对题的情况,从而导致新闻标题和新闻内容的关联度很低,甚至没什么关系,或是出现用词不准确、片面概括新闻内容的情况,这样的标题就是失真的。

还有一种失真的原因更值得警惕,那就是"标题党"。在信息量巨大、人人都是信息发布者的时代背景下,有的编辑为了吸引点击率,就会取一些博人眼球的新闻标题,出现类似"震惊全国""转疯了""99% 的人不知道"这样的字眼。这些新闻标题或是过分夸张,或是含糊其辞,或是使用"难登大雅之堂"的文字，不仅与新闻事实无关，甚至是歪曲事实、思想错误的，反而起到负面的传播效果。标题吸引人固然是好事，但绝对不能越过真实、准确的底线。那么，确定标题到底有什么技巧呢？

◎ 锦囊二

怎样让标题真实、准确？

（1）一定要认真读完稿件，完全理解了再拟写标题。有不理解的，弄明白了再拟写标题。

（2）如果有不理解的地方，那么可以先向记者或相关部门求证、核实。

（3）差之毫厘，谬以千里。标题中的词语尽可能从原文中选取。

（4）引用古诗文、名人名言、成语典故前，先确认意思是否相符，再逐字核对防止写错。

（5）确认使用的简称是否正确，比如会议名称、人名、学校名、外来词等等。

除了真实、准确，新闻标题还要通俗易懂、简洁明了。如果标题的字数太多，那么容易削弱读者的阅读兴趣，也不便于排版，因而编辑需要不断地锤炼，把最重要的内容留下，去掉可有可无的字，用短句取代长句。

小闻老师说

确定标题首先要吃透原文，必须要做到文题一致。无论有意还是无意，新闻标题都不能突破"准确"这条底线。与原文内容不符的标题会误导读者，不仅可能歪曲了新闻内容，传递了不正确的消息，而且可能会降低媒体的社会公信力。

● 一起来试试

请为下面两则新闻各起一个合适的标题。

"优美的下课铃声响了，我像灌了一大桶咖啡一样，全身的每个细胞都活跃起来了。可是老师的耳朵像塞上了耳塞一样什么也没有听到……老师快讲完吧!"这是张晟远同学在端午假期完成的语文家庭作业。当他交上作业后,这篇作文很快就在年级里传开了,其声情并茂的"吐槽"在师生中引起了热烈讨论。

"文章写出了真情实感,非常生动、形象、具体。"尽管是一篇"批评"老师的文章,但是语文老师陈老师认为,文章写得非常好,自己受到了深深的触动,读完后不自觉地进行反思。陈老师将这篇作文拍照发到朋友圈,老师们纷纷被张晟远的诚实、率真打动,就此展开了讨论。

英国一项最新研究表明,睡眠不足可使未成年人肥胖概率大增。

英国一所大学的研究人员,通过问卷调查和穿戴设备定期跟踪的方式,对7.5万名未成年人的作息习惯、健康状况和体重指数进行了跟踪调查,平均随访时间为3年。研究人员对调查结果进行了梳理分析后发现:4~11个月大的孩子睡眠时间不足12小时,肥胖风险增加40%;3~5岁睡眠时间不足10小时,肥胖风险增加57%;6~13岁睡眠时间不足9小时,肥胖风险增加123%;14~17岁睡眠时间不足8小时,肥胖风险增加30%。

(1)新闻标题应做到真实、准确,这与新闻标题吸引读者的作用会冲突吗?
(2)收集你喜欢的新闻标题,找找它们吸引你的原因吧!

抓人眼球的秘诀

童童和乐乐找到了一些他们喜欢的新闻标题，来看一看他们的剪报本吧！

童童的剪报本

标题1："盐改"不能延改
理由："盐"和"延"读音一样，读起来很顺口。

标题2：82岁的张纪淮，工作日上午仍时常去人工影响天气所的办公室——一辈子都在琢磨云的脾气
理由：82岁说明张爷爷已经退休了，但还天天去上班，很敬业。用"琢磨云的脾气"比喻研究天气，很形象。

标题3：接到任务，6小时内抵达机场；飞抵后，6小时内开展应急救援——这家医院会飞
理由：速度这么快，真是会飞哦！

乐乐的剪报本

标题 1：12 元高温津贴竟被克扣 9 元

理由：假如我的 12 元零花钱被扣去 9 元，肯定要哭了，所以我很想知道结果怎么样。"竟"这个字也告诉我这件事是不该发生的。

标题 2：环境执法"牙齿"越来越硬

理由：用"牙齿"比喻解决环境问题的工作力度，十分生动，一下子就吸引了我的注意。

这些标题的确很棒！其实，童童和乐乐喜欢它们的理由，也就是画龙点睛的秘诀啦！

我们每个人会做很多事，那什么才是我们最擅长的呢？同样地，一篇新闻会包含很多信息，哪个部分、哪个细节才是最重要、最关键的呢？找到它，也就找到了画龙点睛的钥匙了。比如，记者写了一篇题为《学校现在实行无人监考》的新闻稿，对这篇新闻稿来说，最重要的是"无人监考"，而不是学生的考试成绩、考卷难度等信息，所以编辑在提炼标题时就要突出"无人监考"。再如，对于一篇关于车祸的新闻稿来说，最关键的信息是伤亡情况，所以编辑就可以考虑把这个信息提炼到标题中，而不是在标题中写明肇事者的名字、车祸发生的时间。

◎ 锦囊三

画龙点睛，你可以试试以下这几种方法。

（1）找找新闻中比较吸引读者、对他们来说比较有用的信息，简单明了地写在标题里。

（2）找找新闻中比较稀奇的地方，将其巧妙地设置在标题中，向读者"卖个关子"。

（3）抓住对比强烈、极具反差的事实，可以将其放进标题中。

（4）找找新闻中比较有趣的信息，也可以将其放进标题中。

（5）使用比喻、拟人、引用、对仗等修辞手法让标题"动起来"，也可以适当地对标题中的古诗文、顺口溜、谚语、名言进行改编，提高标题的生动性。

（6）适当使用口语、网络流行语，提高读者的阅读兴趣。

小闻老师说

　　修改标题，必须先把新闻内容吃透，然后在准确和真实的前提下，尽可能地让标题更具吸引力。需要提醒同学们的是，绝对不能想当然地决定新闻的"核心价值"在哪里。因为即使是同样的事情，不同记者的报道角度也是不同的，就像世界上没有完全相同的两片树叶，所以作为小编辑，一定要认真读完稿件再决定如何修改标题，千万不能断章取义。

● 一起来试试

　　1. 和小伙伴一起破解下面好标题的"密码"吧！

（1）航天高科技　上天也落地

（2）行医50年，最爱说"别怕"，葛琳仪——
　　　大师偏爱开小方

（3）宁夏西吉县村医牟天明40年拖着病腿
　　　深一脚　浅一脚　巡诊不觉遥

（4）"大上海"，政府甘当"店小二"

（5）别让传统戏曲出现"被遗忘的角落"

（6）3个高立柱广告牌非法设立6年，"吸金"或超亿元

　　2. 请为下面这则新闻修改标题。

原标题：上海中心完工

修改标题： _____

　　建筑高度632米的上海中心大厦已经完工！其高度超过420.5米的上海金茂大厦和492米的上海环球金融中心，并且是一座符合绿色建筑标准的摩天大

楼。黄金 5 月，上海中心大厦揭开了华丽面纱，它有个了不得的"定海神座"。相关工作人员告诉记者，"神座"就是这座 632 米高的摩天大楼的底板，底板和其下方的 955 根主楼桩基一起承载了上海中心大厦主楼的负载。

❓　　　修改标题是编辑的事情，那记者是不是可以不用动脑筋起标题了？为什么？

第五课 给文章"化个妆"

除了修改标题、错别字和标点符号，编辑还要做什么？

还要当个"小裁缝"，给文章"修剪"一番。

第一节 精简，精简，再精简

乐乐，你说，做编辑除了改标题、改错别字、改标点符号，还需要做什么呢？

那可多了，要让稿件变得吸引读者，编辑还有许多事情要做。比如删除与主题无关的内容，调整结构让稿件变得更引人入胜，这些比改标题、改错别字的要求更高。

稿件的修改，很大程度上考验编辑删减和补充的能力。很多同学会问，小记者辛辛苦苦写好的新闻稿件，为什么要把里面的文字删掉啊？这就好比写作文，好不容易写到规定的字数，你让我再删掉点，那让人怎么舍得呢？

其实，写新闻和写作文遵循同一个原则，那就是所有的文字都应该围绕文章的主题（中心思想）。

大家来看一下下面这篇新闻：

克罗地亚不只有足球……

——本报小记者受邀采访首届中国国际进口博览会中国－克罗地亚经贸论坛

说起克罗地亚，你的眼前一定会闪现出那件红白相间的格子衫，那个让人着迷的足球国度。今年夏天，我关注了世界杯足球赛，克罗地亚拿到了亚军，我也第一次知道了克罗地亚这个国家。通过查找资料我了解到，克罗地亚是积极响应"一带一路"的国家，于是我特地请妈妈为我买了克罗地亚地图来研究。没想到，这个获得世界杯亚军国家那么快就"来到了我眼前"。

2018年11月6日，我和另外两位小记者受邀来到首届中国国际进口博览会中国－克罗地亚经贸论坛的现场。因为场地有限，所以我们并没有座位。"小朋友，如果累的话可以坐在地上休息一下！"会议期间，好几位中国和克罗地亚的叔叔阿姨都友善地提醒我们。可我们始终没有席地而坐，因为我们希望尽可能全面地记录下会议内容。

在现场，我们采访了克罗地亚总理副顾问马里奥·斯坤卡（Mario Skunca）

小记者采访克罗地亚总理副顾问马里奥·斯坤卡

小记者：您来过中国吗？克罗地亚为什么要参加这次中国国际进口博览会呢？

斯坤卡：这是我第三次来中国，每一次都很期待、很开心。我遇到的每一个中国人都那么善良、热情、努力，并对克罗地亚表现出了极大的兴趣。刚才我们国家的总理在发言中说，2017年，中国和克罗地亚进出口总额同比增加21.5%。其中，对华出口同比大增将近50%。因此，这次中国国际进口博览会克罗地亚派出了一支阵容豪华的商界代表团，希望加强和中国的经贸关系。

小记者：这次克罗地亚企业带来了哪些让人心动的商品呢？

斯坤卡：哈哈，中国的丝绸很有名，而克罗地亚是"领带之国"，克罗地亚的领带品质享誉全球，两国有不少合作的空间。此外，前不久，我们的一家公司还发明了速度极快的电动超级跑车Concept One，并将和中国企业合作建设一家发动机工厂。

小记者：很多小朋友想去克罗地亚玩，您会为他们推荐哪些地方呢？

斯坤卡：克罗地亚是"地中海的明珠"，山丘、海洋、岛屿……应有尽有。无论你想游览名胜古迹，在大自然冒险，还是和朋友们共享美食，这些在克罗地亚都能实现。克罗地亚还有一个令人惊叹的首都——萨格勒布，那里有着美丽的建筑、美味的食物，还有许多有趣的节日和活动。

与我一同参与本次采访的是两位五年级的小哥哥。虽然我们彼此之间互相不认识，但是见面后的五分钟内，我们就"自来熟"了。因为采访中合作很重要，所以我们抓紧一切时间培养默契！

在会场的采访中，我们很快用到了这份临时培养的默契。在与克罗地亚商会副会长交流的时候，我提问，小哥哥们负责记录，这样我就能够定心地微笑注视着正在回答问题的副会长，认真聆听并向他表示充分的尊重。当轮到小哥哥们提问的时候，我也抓紧记录，并且把临时想到的问题记录下来，以便之后再提问。我要感谢我的小记者伙伴，默契的团队合作让我们完成了一次出色的采访任务！

第一段中，"今年夏天，我关注了世界杯足球赛，克罗地亚拿到了亚军，我也第一次知道了克罗地亚这个国家。通过查找资料我了解到，克罗地亚是积极响应'一带一路'的国家，于是我特地请妈妈为我买了克罗地亚地图来研究。没想到，这个获得世界杯亚军的国家那么快就'来到了我眼前'。"不知道大家有没有注意到，这里用了许多个"我"："我关注""我了解""我买了""来到了我眼前"。新闻报道主要的目的是陈述客观事实，太多的"我"出现在新闻报道中，显得有点多余。

第二段中，"因为场地有限，所以我们并没有座位……可我们始终没有席地而坐，因为我们希望尽可能全面地记录下会议内容。"这段话显然是描写采访过程中的一个细节，但这个小花絮与新闻报道主题之间没有紧密的关系，所以不应该出现在这里。

【修改稿】

克罗地亚不只有足球……

——本报小记者受邀采访首届中国国际进口博览会中国－克罗地亚经贸论坛

说起克罗地亚，你的眼前一定会闪现出那件红白相间的格子衫，那个让人着迷的足球国度。克罗地亚几个月前还夺得了 2018 年俄罗斯世界杯的亚军。不过，克罗地亚总理副顾问马里奥·斯坤卡（Mario Skunca）却笑着告诉小记者："克罗地亚可不只有足球……"

斯坤卡是来参加首届中国国际进口博览会中国－克罗地亚经贸论坛的。2018 年 11 月 6 日，《少年日报》小记者代表作为首届中国国际进口博览会受邀的学生记者，不仅聆听了克罗地亚总理的演讲，还采访了总理副顾问斯坤卡先生。

小记者：您来过中国吗？克罗地亚为什么要参加这次中国国际进口博览会呢？

斯坤卡：这是我第三次来中国，每一次都很期待、很开心。我遇到的每一个中国人都那么善良、热情、努力，并对克罗地亚表现出了极大的兴趣。刚才我们国家的总理在发言中说，2017 年，中国和克罗地亚进出口总额同比增加 21.5%。其中，对华出口同比大增将近 50%。因此，这次中国国际进口博览会克罗地亚派出了一支阵容豪华的商界代表团，希望加强和中国的经贸关系。

小记者：这次克罗地亚企业带来了哪些让人心动的商品呢？

斯坤卡：哈哈，中国的丝绸很有名，而克罗地亚是"领带之国"，克罗地亚的领带品质享誉全球，所以我们两国之间的合作能像丝绸和领带一样高质量。前不久，我们的一家公司还发明了速度极快的电动超级跑车 Concept One，并将和中国企业合作建设一家发动机工厂。

小记者：很多小朋友想去克罗地亚玩，您会为他们推荐哪些地方呢？

斯坤卡：克罗地亚是"地中海的明珠"，山丘、海洋、岛屿……应有尽有。无论你想游览名胜古迹，在大自然冒险，还是和朋友们共享美食，这些在克罗地亚都能实现。克罗地亚还有一个令人惊叹的首都——萨格勒布，那里有着美丽的建筑、美味的食物，还有许多有趣的节日和活动。

写作文时，为了达到字数的要求，有时候会不得不硬凑字数。那些硬凑上去的内容很可能就是多余的东西，画蛇添足大致说的就是这个意思。写新闻稿件的时候也一样，记者写着写着会掺入一些和主题无关的内容，这时候就该编辑出手了。

🔍 改写小技巧 ☰

◎ 浓缩背景信息，删除和主题无关的内容

什么是和主题无关的内容？那就要先弄清楚主题是什么。从前面这篇新闻的标题和内容来看，它的主题是通过首届中国国际进口博览会中国－克罗地亚经贸论坛，让读者了解克罗地亚参与中国国际进口博览会的情况。第一段和第二段的采访背景和花絮显然和主题没有直接的关系，应当适当删除。

◎ 去除主观体验与感悟

小记者在新闻稿中往往会描写采访过程中的一些主观体验和感受。殊不知，新闻稿应该尽量围绕主题，并客观、简洁。因此，除非是长通讯或体验式采访，否则不应该把自己的采访感受写到新闻稿里去。在最后一段中，作者就描写了自己和另外两位小记者在采访中的配合，这显然是作者在描述自己对采访过程的体验，应该删去。

有同学说，改稿件就是看到哪改到哪，一边看一边改。这种说法对吗？

小闻老师说

修改稿件，并不仅仅是改错别字和语法错误，还包括删改多余的内容。删改的一个重要原则就是删去与主题无关的内容。为了让新闻保持真实、客观的特性，编辑还应该删除写稿者本人的一些臆测和观点。

● 一起来试试

请修改下面这篇稿件中的错误，并进行一定的编辑加工。

2019 年 8 月 16 日，我参加了上海书展的采访活动，我们采访的嘉宾是沈颖和徐蕾，他们的新书是《自然 DIY 我的珊瑚礁》和《自然 DIY 我的针叶林》。

书展当天，人山人海，我们在老师的带领下进入了馆内，首先嘉宾们自我介绍后开始了我们的提问环节，我的问题是："你们喜欢大自然吗？喜欢到什么程度？"嘉宾说，他其实是很喜欢大自然的，创作这个系列图书的目的就是希望我们这样的青少年也能热爱自然，同时锻炼动手动脑以及收纳能力。

随后嘉宾给我们分享了这套书背后的故事，经历了多次修改，最终呈现在我们面前的版本是他们努力的结晶。

我也买了这套书，我非常喜欢它，特别是我的珊瑚礁。它做好之后非常逼真美丽，我把它放在我家的窗台上，在顶端还放置了一艘玩具海盗船，成了我家一道新的风景线。但是我想提一个意见，针叶林的松鼠搭件很容易散开，特别是耳朵和前腿，希望以后能够改进。

我觉得这次采访活动让我了解了儿童图书作者以及新颖的绘本与手工结合的图书形式。我很期待他们下次的 DIY 图书作品。

第二节
一些有用的修改技巧

　　有同学觉得删减文字挺容易的，是不是修改稿件只要删减文字就行了？当然不是，编辑修改稿件的方法可不只删除这一种，下面就让我们一起学习下，还有哪些有用的修改技巧，能让稿件变得更"漂亮"。

这样的体育课我们喜欢

　　2015年，上海市启动"小学体育兴趣化、初中体育多样化"课程改革。经过两年多的实践，取得了一定成效，并得到了师生的广泛认可。从2018年9月开始，全市小学一到三年级每周又增加了一节体育活动课。

　　"体育课被主课老师占用，真没劲。""体育课就是跑圈课，真无聊。""体育课就是晒太阳课，真没意思。"曾几何时，体育课成了这样一门让同学们"又爱又恨"的课。2015年体育课改后，经过三年多的实践，体育课逐渐摆脱了"被占""跑圈""晒太阳"的尴尬局面。

　　为了解体育课的现状，记者来到了上海市西郊学校一探究竟。四年级的唐一宁告诉记者，现在语数外等主课老师不会再占用体育课了，加上早上出操、课间操活动等等，每天都会有超过一小时的校内体育锻炼时间。

　　在学校，记者发现每周增加了一节体育活动课，这让同学们乐在其中。三年级的程月兴奋地告诉记者，同学们都非常期待每周五两节课连上的体育活动课。这多出来的一节体育活动课并不是"放羊式"的自由活动。在两节课连上的体育活动课时间里，西郊学校为同学们提供了篮球、足球、武术等基于日常体育课的拓展课。同学们可以选择自己喜爱的体育项目进行拓展练习。当然，同学们也可以和小伙伴们自由组队，在老师的指导下开展趣味体育活动或小型比赛。"过去我们总觉得一节体育课

时间太短，不过瘾。"一位来自俄罗斯的三年级同学表示，现在他有更多的时间来练习自己喜欢的中国武术。

　　这篇报道反映的事实很明确，但结构不是很合理。在这篇新闻中，最新的动态显然是"2018年9月开始，全市小学一到三年级每周又增加了一节体育活动课"，但是在第一段中，记者却把"2015年，上海市启动'小学体育兴趣化、初中体育多样化'课程改革"放在了最前面。第二段讲的是2015年课改后体育课发生了变化，显然这也不是最重要的内容，不应放在文中靠前的位置。对西郊学校的采访应该是这篇报道的主体部分，应该出现在稿件的最前面，也就是在第一段或者第二段中就应该有所交代。

【修改稿】

这样的体育课我们喜欢

　　"从上学期开始，每周五我们有两节体育活动课啦！"上海市西郊学校三年级的程月兴奋地告诉记者，同学们都非常期待每周五两节课连上的体育活动课。从2018年9月开始，全市小学一到三年级每周增加了一节体育活动课。这是在2015年上海市启动"小学体育兴趣化、初中体育多样化"课程改革的基础上，推出的又一新政。

　　这每周多出来的一节体育活动课到底是怎么上的呢？在上海市西郊学校，记者了解到，增加的体育课与原有的一节课被连在了一起，学校为同学们提供了篮球、足球、武术等基于日常体育课的拓展课。同学们可以选择自己喜爱的体育项目进行拓展练习，当然，也可以和小伙伴们自由组队，在老师的指导下开展趣味体育活动或小型比赛。"过去，我们总觉得一节体育课时间太短，不过瘾。"一位来自俄罗斯的三年级同学表示，现在他有更多的时间来练习自己喜欢的中国武术。

　　过去，体育课曾是一门让同学们"又爱又恨"的课，要么被主课老师占用，要么就变成跑圈课、晒太阳课……2015年体育课改后，经过三年多的实践，体育课逐渐摆脱了"被占""跑圈""晒太阳"的尴尬局面。

　　四年级的唐一宁告诉记者，现在语数外等主课老师不会再占用体育课了，加上早上出操、课间操活动等等，每天都会有超过一小时的校内体育锻炼时间。最重要的是，在体育课改的引导下，全社会逐渐意识到学生参与体育运动的重要性。课外时间，越来越多的家长会让孩子选择一个喜欢的体育项目去练习。

和原稿相比，修改稿对文章的结构重新进行了梳理和组织。第一段就交代了"从 2018 年 9 月开始，全市小学一到三年级每周增加了一节体育活动课"，以及本次采访的主要对象是上海市西郊学校。第二段就学校对新增加的体育活动课内容的安排进行了描述，这样就和第一段紧密关联，文章会显得紧凑、顺畅。作为这则新闻主要内容的延伸，经过三年课改后体育课发生的变化和学生的感受在第三段和第四段呈现，这样使得稿件内容更加丰富和完整。

🔍 改写小技巧

◎ 改变结构

改变结构就是让稿件各部分内容重新排列组合，使稿件的逻辑性更强，前后关系、因果关系更清晰。

◎ 改变角度

改变新闻稿件的写作角度可以让文章更新颖，提高主题的立意，让观点更加鲜明。常见的改变包括：主观角度和客观角度的切换，就是从"我"的视角或者第三者的视角来写；从正面报道变成侧面报道，比如报道学校好的改革，并不一定要直接采访校长阐释具体的改革措施，而是可以通过采访家长和学生来说明改革取得了好的效果。

◎ 适当增补

改写还包括增补一些内容，比如一些新闻报道缺少时间、地点、人名等等，需要进行补充，还有一些没有交代清楚的事实，需要补充背景资料。

◎ 调整修改

编辑改稿，需要认真审读和分析稿件，然后找到问题，再决定是精简，是增补，还是调整稿件的结构。有时候，修改一篇稿件需要同时用到以上几种技巧。

写作文大家都很拿手，那么你觉得一篇优秀的作文能够被改写成一篇好新闻吗？

小闻老师说

　　与删减相对应的是补充。修改稿件除了删减内容，有时候也要补充内容，这需要编辑认真地核实相关的新闻事实。同时，编辑也可以通过改变新闻的结构和角度，让新闻的陈述变得更加顺畅、合理。

● 一起来试试

　　请修改下面这篇稿件中的错误，并进行一定的编辑加工。

　　经常听到气象预报里提到，今天是上海出现的第 ×× 个高温日，今天是自 ×× 年有气象记录以来雨量的第 ×× 高位。是什么机构给出了这么详细有序的记录呢？

　　2019 年 4 月 13 日，伴随市民日前对天气的高度关注，我们少年日报双语小记者来到了上海气象局——一个有着百年历史的气象权威部门。

　　我们首先参观了气象博物馆，由专业引导员小笼包哥哥为我们做讲解，可谓脑洞大开，原来对天气的了解只限于多少度，下雨不，最多加个 PM2.5。可是经过这次参观，我们了解了很多气象知识和测量原理，还有相关的仪器设备，这些仪器有最早的观测仪器，也有目前领先的仪器。

　　随后我们还采访了这里的首席气象预报员孔春燕老师，她以专业角度和诙谐幽默的语言为我们解答剖析各类气象问题。比如，有同学问到为什么最近一次降温特别厉害？孔老师用两军对战来比喻冷暖空气对峙，而这次就是相对强的冷空气占据了上风，导致了大幅度降温。

　　最后我们还体验了一把当气象播报员的乐趣，说不定我们之中就会产生一位未来的气象专家或者气象播报员呢。

第六课 栏目与版面

老师，栏目和版面之间是什么关系呀？

可以比作人的"五官"和"脸"。

任务卡

☆ _____
☆ _____
☆ _____

第一节 栏目＋栏目＋栏目＝版面？

上一章，我们讲到了怎么给文章"化妆"，其实这个比喻非常贴切，而且"化妆"跟这节课的内容也有联系。

那今天我们学什么呀？穿衣搭配吗？

这也是个有趣的比喻！今天，我们要学习的主题是报纸的版面和栏目。形象地说，版面是一张"脸"，栏目就是"五官"。栏目安排得好不好，决定了版面这张"脸"漂不漂亮！

哦，这样啊！我们给文章"化妆"是为了让它更耐读，而栏目安排得合不合适决定了版面好不好看！这两个比喻我记住了。

没错，让我们一起先来认识一下报纸、版面和栏目的关系吧！在开始学习之前，大家先把今天的任务卡领了。

任务卡

共同完成"校园新鲜事"版面的栏目设计、组稿和编辑等工作！

接下来，我们一边学习，一边解决问题，出发！

栏目集合！组成版面！

老师，您刚刚说栏目是版面这张"脸"的"五官"，那究竟什么是栏目，什么又是版面呢？

有图有真相，让我们来看看一个报纸的版面是什么样子的吧！

大家来找找，上图中的版面名称是什么？

没错，就是"队长学校"。通常来说，版面名称会放在整个版面的左上角或右上角，它反映了整版内容的定位，我们往这个版面里添加的内容，都是根据版面的定位来策划和选择的。

让我们再来看看，"队长学校"这个版面都是由哪些栏目构成的呢？

队长讲台

好榜样 正能量

大话队长

很明显，这些栏目从名称到内容，都紧紧围绕少先队员关心的话题、日常的学习生活、眼中的变化来展开。

下面，让我们再来看一个版面。

在"冲浪板"这个版面中，我们找到了"小露珠""寓言墙"和"童话岛"三个栏目，儿童诗、寓言和童话三种文学体裁分别撑起了这三个栏目。同时，我们也能基本判断出，这个版面充满文学气息，是个不折不扣的文学或者阅读版面。

如果你是"队长学校"或"冲浪板"的版面编辑，那么除了上面的栏目之外，你还会设计哪些栏目呢？你所设计的栏目又将承载哪些内容呢？

老师，像"队长学校"这样的版面，内容是围绕"少先队"展开的，那我们今天的任务"校园新鲜事"是不是就应该围绕"校园"和"新鲜事"这两个关键词来策划呢？

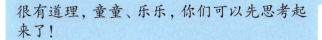

很有道理，童童、乐乐，你们可以先思考起来了！

小闻老师，我还有一个问题，你说栏目构成了版面，就像五官构成了人脸。五官对于每个人来说都是同等重要的，那每个栏目对于版面来说是不是也同样重要呢？

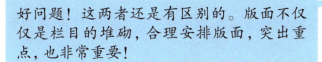

好问题！这两者还是有区别的。版面不仅仅是栏目的堆砌，合理安排版面，突出重点，也非常重要！

小闻老师说

栏目由稿件构成。栏目是在内容或表现形式上体现一定特色，并有一个提示性、概括性名称的独立版块。版面是各类稿件在报纸上编排布局后的整体产物，是一张报纸的重要组成要素。若干个有共同点的栏目构成了一个版面，一个个版面构成了一张完整的报纸。

● 一起来试试

下列哪几个栏目可以归在一个版面里？

（1）趣味字词游戏

（2）语文笑话

（3）画画猜成语

（4）校园鼓点

🔍 栏目"堆"在一起就成了版面？没那么简单！ ☰

版面由栏目组成，却又不是简单的栏目堆砌，那我们应该怎样处理栏目和版面之间的关系呢？

● 一起来试试

如果你是版面编辑，针对下面这些栏目名称和版面名称，那么你将如何进行配对呢？注意，一个版面名称可以匹配多个栏目名称哦！

栏目名称	版面名称
"当当"响 •	• 土豆艺术家
"艺"网打尽 •	
土豆告诉你 •	
校园艺术 show •	• 校园"艺"窝蜂
小记边境栏 •	
争"豆"游戏 •	• 小记当家

◎ 栏目与版面名称暗藏"小玄机",增加辨识度

栏目内容应该围绕版面定位来策划。此外,如果栏目名称跟版面名称有所呼应,那么会给读者带来会心一笑的共鸣之感。

例如,前面连线游戏中的"校园'艺'窝蜂之'艺'网打尽""小记当家之'当当'响""土豆艺术家之争'豆'游戏",这些版面名称和栏目名称中暗藏的小玄机,很好地体现了版面和栏目之间的内在联系,辨识度很高。

◎ 栏目有主有次,版面才更加耐看

前文提到,栏目就像人的五官。虽然人的五官没有主次之分,但是栏目却不能"眉毛胡子一把抓"。一般在版面设置中,会有重点栏目和一般栏目的区分。有些栏目每期都出现,有些栏目在必要时出现或轮换出现。当然,除了在版面策划过程中设定的重点栏目,编辑在工作过程当中也要根据时间和热点,适当对栏目和栏目之间的主次关系进行调整,以适应时下的阅读需求。

同一个版面中的栏目,在形式上可以多样,例如可以有侧重文字的栏目,也可以有以图片为主要表现形式的栏目,但在内涵上,必须具有强大的向心力,能够充分体现版面定位。

老师,我已经想好了,"校园新鲜事"版面可以包括这几个栏目:"新新人类""校园新声""新视界""捕捉新色彩"。

嗯,不错,都是新的。

听听我的,"校园新风景""我的首show""新生代",我还想设计一个"新新四格",专门刊登有趣的校园漫画!

哇,真令人期待!不过,单单有栏目名称还不够哦!接下来,我们还需要更进一步的实践。

小闻老师说

报纸由版面组成，版面主要由各个栏目组成。一个好的栏目可能会在一张报纸上存在几年、十几年甚至几十年，并成为一张报纸的"招牌"。栏目内容要围绕版面定位来设计，一些重要的主题我们可以为之打造重点栏目。如果一个栏目由某个作者定期撰写，并且刊登在版面固定的位置上，那么这个栏目就被称为"专栏"。

第二节　我的版面我做主

在着手编辑一个版面之前，我们至少需要做两个动作：一是理清思路，通过简单的版面策划书，把版面的一些要素列出来，包括栏目名称、栏目内容、稿件来源和表现形式等等，策划书可以帮助编辑在后期实施的过程中，依据其中的要求来逐步推进版面的设计；二是根据确定的稿件来源进行组稿。

挑战策划书

下面，让我们来看一个版面策划书的简单示例：

"土豆艺术家"版面策划

版面定位		
紧紧围绕"艺术"二字，介绍中国传统艺术，并通过故事讲述、对话艺术家、漫画等多种形式，让小读者感受不一样的艺术形式和艺术展现方法，了解一些实用的艺术知识和技法		
栏目名	内容	表现形式
土豆游艺术长河	通过"土豆"这个形象，向小读者介绍中国传统艺术文化，包括起源、特点等等	栏目通过故事、漫画等形式展示，并结合热点
争"豆"游戏	以游戏形式带领小读者提高艺术修养。答得越多，得到的土豆越多。可互动	游戏栏目，侧重趣味性和挑战性
跟"豆"学	跟着土豆学习中国传统艺术，比如写一个字、剪一个窗花等等。可展示、互动	侧重小读者的尝试体验

（续表）

栏目名	内容	表现形式
艺术传声筒	以对话或解读的形式，请小记者、小读者对话艺术家、艺术教育工作者，听艺术领域人士讲述他们心中的艺术故事和艺术见解	侧重故事性和互动性

小闻老师说

　　一个版面上，既要有主打栏目，也要有轻质化的内容；既要有文字内容，也要有图片等呈现方式。每个栏目主要容纳哪些内容、以什么展示形式为主，这些都应该能在策划书中找到。

● 一起来试试

　　前面我们学习了艺术类版面的策划书。现在，请大家参照上面的案例，做一份科技类版面的策划书。

从策划出发，寻找素材和稿源

"校园新鲜事"版面策划

小编辑：童童 & 乐乐

版面定位
围绕"校园新鲜事"的版面主题，采用校园新闻报道、学生作文、图片、漫画等形式，完成各栏目的内容，体现积极向上的校园新风采

（续表）

栏目名	内容	表现形式
新风尚	用新闻的形式报道学校里新生的故事	主打栏目，新闻报道，图文并茂
新视界	用摄影的方式表现校园新鲜事	图片为主，文字为辅
新生代	用学生作文的形式讲述校园新鲜事	文字为主
New 漫画	用漫画的形式展现有趣的校园故事	四格漫画或单幅漫画，图文并茂

小闻老师，我们俩一起做了一份版面策划书，您看可以吗？

嗯，很不错，有了策划书，就可以去寻找合适的素材、作者啦！

通常，我们在版面主题和栏目方向确定之后，就可以着手去做内容了。在做内容时，需要充分考虑每个栏目的需求，不断思考搜集什么素材、找什么人写稿、用什么形式完稿才能让这个栏目不失去它的特点。

其中，最核心的问题是：栏目稿件内容由谁来完成。这是决定栏目内容质量的关键。

例如，在"土豆艺术家"版面中的"土豆游艺术长河"栏目里，因为需要深入浅出地对中国传统艺术进行讲解，所以需要找到对这方面有研究的专业人士来对内容进行把关；在"艺术传声筒"栏目里，则需要根据版面定位，定期组织小记者与专业人士进行对话并完成稿件内容的撰写。当然，在进行对话之前，小记者必须事先对采访主题进行准备，事后对采访内容进行消化学习，只有这样才能更出色地完成稿件内容的撰写和版面的制作。

童童、乐乐，你们的几个栏目，准备请哪些作者来完成呢？

老师，"新风尚"是主打新闻报道的，我觉得可以组织身边的小记者来完成每期的任务，采访、写稿，最合适不过了。"New漫画"我觉得应该请有绘画基础的人做我们的作者，美术老师、美术兴趣小组的同学，都可以发动起来！

"新视界"这个栏目的内容其实不难获得，这个栏目主要用照片进行展示，现在大家都有手机，拍照很方便，可以面向所有人征稿。"新生代"这个栏目也是，可以向所有愿意写作的同学征稿。把这两个栏目办成给大家自由展示的平台。

哇，你们两个的思路很清晰、很有道理！那就根据你们的思路，去组稿吧！

小闻老师说

　　组稿是每个编辑的基本功，这个基本功要求编辑有足够的作者资源。编辑文学类的版面，自然要与作家保持良好的互动；编辑科普类的版面，就需要时常向科学家和科普工作者约稿。扎实的版面内容，需要有精准的编辑眼光和专业的作者队伍作为支撑，这样既能保证稿件的供给速度，又能保证版面的质量。

● **一起来试试**

有时候，我们在跟作者约稿时，为表示尊重，会写约稿信给对方。约稿信也叫组稿信，通常包括题目、所约稿件的内容和要求、读者对象、体量和交稿时间等内容。当然，也需要包括正常信件的必要形式，如称谓、问候语、祝词、落款等等。请你按照上述要求，写一封约稿信。

巧手编辑、妙手组合

拿到稿件之后，还不是松一口气的时候，接下来的编辑工作，还有更多问题需要考虑！

◎ 去粗取精，删除不相符的部分

首先，去粗取精，去掉与版面或者栏目定位不相符的部分。

作者提供或者记者采写回来的稿件，需要编辑进行加工。其中，自然会用到之前我们所学到的一些基本编辑方法。要特别提醒大家注意的是，当一篇篇文章作为一个栏目的内容存在进而构成版面的时候，这些文章需要具备的特质是：紧扣版面主题，符合版面气质。

以我们今天的任务"校园新鲜事"版面为例，如果稿件与"校园"无关，或者"不够新鲜"，那么它可能就不是一篇合格的稿件了。

◎ 根据情况，判断主次和容量

其次，根据不同情况，判断栏目主次和容量大小。

前面我们提到过，栏目虽然有重点栏目和一般栏目的区分，但也不是一成不变的，整个版面中栏目的主次安排，会根据不同时间、热点以及栏目内容的性质进行适当调整。

仍以我们今天的任务"校园新鲜事"版面为例，在策划书中，编辑设置了"新风尚"为主打栏目，那么通常情况下，每期的版面上，这个栏目都会占据比较重要的位置。那么，是不是"新视界"这样的栏目就一直要做配角呢？当然不是啦，图片的叙事能力和震撼力决定了它也可以作为大比重内容出现在版面上，如果可以配合一些特殊的时间节点，例如毕业季，形成创意毕业照之类的素材，那么这样的栏目也可以成为当期版面的主打内容。

◎ 美化编辑，打造最好的版面效果

最后，我们还需要配合美术编辑，制作出最好的版面效果。

在这个"读图时代"，对于一个版面来说，视觉表达越来越重要，文字与图片的对应关系、栏目在版面中的位置呈现、色彩与留白的运用，这些设计细节处理得恰当与否，直接影响了版面是否能令读者眼前一亮。

因此，我们必须和美术编辑密切配合，为完美版面的最终诞生而努力！

好啦，我们边学边实践，现在是检验成果的时候啦！一起来看看你们组来的稿件吧！

好！

新风尚

我校启用刷指纹借书服务

"哇，还可以刷指纹借书。""比刷卡方便多了！"近期，我校图书馆启用了刷指纹借书这个新功能。当发现学校里可以刷指纹借书时，同学们都发出了惊叹。

指纹借书设备是我校图书馆在大修时装上的，老师还把同学们的借书卡全部收回了。针对"今后会不会不用借书卡借书"这一猜测，图书馆老师告诉同学们："大家不要急，的确有惊喜，请大家不要进入施工区域。"

大修结束后，图书馆里面焕然一新，几台机器"咔咔"地传输着数据，同学们在机器前排队录入指纹信息。

现在，同学们借书还书非常方便，不用再担心忘带借书卡，而且速度也变快了。希望这种新科技可以推广到其他地方，让更多人享受到它的便捷。

作者 胡羽轩

新生代

校园安全"好帮手"——刷脸机

我的妈妈是一位中学教师,有时放学后我会到妈妈的学校里,和妈妈一起回家。

因为我不是妈妈学校的学生,所以以前进出校园,需要提前打电话让妈妈出来接我。现在有了刷脸机,门卫伯伯就能快速验证我的身份了。刷脸机长得很像扫描仪,比较轻巧,门卫伯伯用它对着我的脸照一照,几秒钟后就会显示我的身份信息:我是谁的孩子、爸爸或妈妈在学校的职务等等,验证成功后,门卫伯伯就会让我进去。

刷脸机为校园安全增加了一份保障,是门卫伯伯的"好帮手",也让大家进出校园变得更智能、更方便。

作者 赖星言

神奇的图书消毒机

学校图书馆门口有一台古怪的机器,第一次见到它时我很好奇:"这是什么呀?以前怎么没见过?"后来我才知道,那是图书消毒机。热心的老师教我怎么使用:选好书、完成借书手续后,把书打开左右各半平铺放进图书消毒机,随后关上门,按下按钮就好了。过了短短一分钟,书就被消毒好了。打开消毒机,出现在我面前的就是"洗过澡"的书了。

图书馆里的书在许多人手中流转,在这个过程中可能传播细菌。有了图书消毒机,简简单单地就能让书籍变得干净、卫生。

作者 郑姝莉

新视界

"毕业了!"图文合一的毕业照,你喜欢吗?

你们的组稿完成得不错，大家都初步掌握了版面和栏目的关系，也知道编辑一个版面大概需要做哪些工作了。不同的版面会有不同的呈现，在这个过程中，一个编辑的阅历、判断力、敏感性都会影响版面的效果，我们还需要继续努力！

没问题！

加油！

小闻老师说

　　版面是一张报纸最基本的组成部分。一个好的版面需要有明确的定位，版面定位一旦确定后，不能随意更改，除非报纸进行改版。每个版面都应该有一支作者队伍及时地提供优质稿件。版面编辑要根据版面上的栏目和稿件的类型、长短，以及照片的大小、多少，合理地安排版面内容，使版面好看、好读。

● 一起来试试

　　版面需要有生动的稿件、精美的排版，当然也需要有一个好听的名字，比如"紫风铃""科学加油站"。请你为一个作文版面起一个好听的版面名。

第七课　一份报纸诞生啦！

第一节
报业行话学一点

通过前面的学习，我觉得自己已经是个合格的编辑啦，哈哈！

纸上谈兵不算！正好学校要办一份校报，就由你来做实习主编吧！

没问题！我要做主编喽！哈哈！

先别得意，这份报纸设几个版面？分别安排什么内容？怎么排版才能吸引人？这些你都想过吗？

这……还有这么多讲究啊！

不知道了吧！我们还是去请教一下小闻老师，让他指导一下吧。

🔍 认识报纸的"五官"

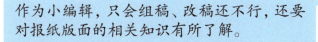

作为小编辑，只会组稿、改稿还不行，还要对报纸版面的相关知识有所了解。

传统的报纸版面主要分为对开报和四开报两类。简单来说，对开报一个版面占一张印刷纸的一半，有 4 个版面；四开报一个版面占一张印刷纸的 1/4，有 8 个版面。现在的报纸少则 4 个版面，多则几十个版面。版面内容的分工没有统一标准，不过头版为要闻大多是统一的。

前面我们学习过做版面，把多个版面拼起来不就组成一份报纸了吗？

你说对了一半，虽然报纸由多个版面组成，但不能简单地拼装，一份报纸还要有一些基本要素。不知道这些专有名词的话，你可算不上是一个合格的编辑哦！

啊，这么重要！那您快给我们介绍一下！

我们人有五官，报纸也有"五官"哦！

◎ 报头

报纸的名字一般位于头版的左上角,也有放在右上角或中间的。除报名外,头版的最上面还有报纸的出版日期、星期、期号、国内统一连续出版物号、邮发代号等信息。这些内容所处的位置相当于报纸的头部,所以叫报头。如果是校报,那么除了国内统一连续出版物号、邮发代号,其他内容应该都有。

◎ 报眼

报眼,也叫报耳,是报头旁边的一个小版块,面积不大,但位置十分醒目、重要。如果是新闻版,那么多用来刊登简短而重要的消息,或当日报纸的内容提要、天气预报、日历表等信息。也有报纸在这里刊登广告。

◎ 报眉

从第二版开始,版面的上方有一条线,叫作眉线。眉线上方印有文字,一般包括报名、版次、出版日期、版面名称、编辑人员等信息。这个位置相当于人的眉毛,故得名"报眉"。报眉的作用是便于读者检索。比如,查阅一篇文章,只知道它刊登在哪份报纸上的话,查起来就会很费力,但如果知道它所在报纸的出版日期、期号、版次或版面名称,那么查起来就方便多了。有的报纸还会在报眉中写明编辑人员的姓名、邮箱等信息,这样读者在读报的过程中若遇到问题,或想给相关版面投稿,就可以直接和编辑取得联系。

◎ 报尾

通常位于报纸的底部,一般不发布重要的新闻。

◎ 中缝

一张报纸相邻两版面之间的空隙,叫作中缝。一些大报为了版面的庄重大方,中缝都保持空白。也有不少报纸,特别是四开报纸,为了更充分地利用版面,会在中缝刊登广告和知识性资料,也有报纸刊登笑话、电视节目等内容。

每一份正规出版的报纸，都会有出版单位及地址、印刷厂、主编等信息，你知道在哪里吗？找一份报纸看一看吧！

小闻老师说

报纸的"五官"，是指报纸上一些特定的部分都有自己的名字，如报头、报眼、报眉、报尾、中缝。了解了报纸的这些基本要素，我们在安排内容、排版设计时才能胸有成竹。

● 一起来试试

如果要办一份校报，那么下面这些元素安排在报纸的什么位置比较合适？请用线连接起来吧！

校报的名称 ●   ● 报眉

编辑人员信息 ●   ● 报眼

和中小学生相关的重大教育政策 ●   ● 报尾或中缝

同学之间的祝福 ●   ● 报头

🔍 抢占头条找哪里？

原来报业还有这么多行话，这下可长知识了！

我明白了，报纸的"五官"，位置不同，重要性也有所差别，那它的"身体"部分会不会也有区别呢？

还真有！在编排版面的时候，确实要根据稿件的重要程度来安排位置。你所说的"身体"用行话叫"版心"，也就是除去四周留白，一个版面真正可以排文字和图片的区域。在这里，我介绍版心中三个重要的位置。

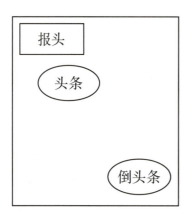

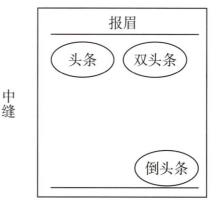

◎ 头条

头条的位置在各版版面的上半部分。头条通常用来刊登本版面最重要的稿件。若是在头版，则叫作头版头条。

◎ 双头条

双头条，指在报眼或版面右上方刊登的与头条同样重要的消息或稿件。

◎ 倒头条

现在一些报纸上还出现了"倒头条"新闻，也是特别重要的新闻，通常放在报纸的右下方。

如果某一期的重要新闻特别多，你有什么好的办法来处理吗？

小闻老师说

随着新媒体的发展，关于头条出现了一种新的说法，叫"你关注的就是头条"。也就是说，什么内容作为头条不再由编辑决定，而是由读者决定。新媒体时代下的大数据会记住你平时在网上常看的内容，以此来判断你可能感兴趣的内容并优先推荐给你。这样一来，原来是"读者找信息"，现在变成了"信息找读者"。

● 一起来试试

下列各项内容安排在哪个版面比较好？放头条还是二条？请在括号里注明。

（1）市领导来校视察工作，并寄语我校学生（　　）

（2）学校开展"四史"学习活动（　　）

（3）人物报道——某同学被评为"美德少年"（　　）

（4）新学期，各社团的招募信息（　　）

Q 报纸"装扮"有讲究

 我爸爸订阅了《参考消息》等报纸，我一看到上面密密麻麻的字就头皮发麻，看不下去。还是漫画书好看，我觉得报纸也应该设计成漫画书那样！

97

哈哈，报纸的个别版面当然可以刊登漫画，但整张报纸设计成漫画不太现实，除非是漫画报。不过，童童说到了一个重要问题，那就是报纸的编排、美化。

在报纸行业有一句话叫"版面一张脸，标题一双眼"，人们对漂亮的人都爱多看两眼，对漂亮的报纸版面也是一样。因此，我们要对报纸进行"装扮"，这就涉及报纸的编排、美化。

◎ 字体

一般报纸有固定的字号、字体。文章字体一般为三种：宋体字，可用于消息、通讯等等的正文；楷体字，可用于评论、按语、图片说明等等；黑体字，想突出强调的重要文字可用黑体字。"本报讯"三个字一律用黑体字。标题字则有多种变化。对于作者头衔、文章署名、讯头、讯尾、记者和通讯员姓名等信息，应按报纸的需要和习惯，规定统一的字体、字号，避免各版大小不一。

新闻报道配图

◎ 分栏

分栏就是将版面划分为若干栏。为什么要分栏呢？试想，如果一行字从版面的最左边排到最右边，那么版式看起来会单调乏味，读起来也累。"栏"就相当于版面的骨骼，分栏分得好，可以让版面更漂亮。每一种报纸都有相对固定的分栏制，编辑在排版时，为了达到某种效果，会对基本栏加以变化，这叫作变栏。

◎ 图文搭配

图文搭配得好，整个版面会给人以美的享受，读者就更有兴趣阅读。为了达到好的效果，编辑首先要学会选图，这就需要一定的审美能力，审美能力要通过长期培养、锻炼才能提高。不过，也有一些基本的选图标准，比如根据文章内容、风格来选。我们可以简单地把图分为两种，一种是新闻照片，另一种是插图。新闻照片通常是和新闻报道有关的照片，能对新闻报道起强调、补充作用。插图主要是用在副刊版面上的，插图和文字可以在内容上有一定联系，也可以是在风格上一致的。比如，报道某学校大型活动的新闻，可以配上活动现场的照片；向高中生介绍人工智能专业的文章，可以配上机器人等有人工智能元素的图片；在刊登同学们的文学作品的版面，可以配上一些唯美图片。

文学作品插图

副刊配图

 在报纸上，大部分文章标题是横排的，也有竖排的。如果竖排的标题占两列，那么是从左往右排，还是从右往左排？

小闻老师说

　　虽然编排、美化版面是美术编辑的工作，但是版面的责任编辑也要对版面的编排负责，比如如何配图、哪些内容需要强调、对字体有什么要求、编排方式会不会影响阅读等等，都要考虑。责任编辑可以提出自己的意见，和美术编辑沟通，共同完成报纸的"装扮"工作。版面编排的基本标准是规范、美观、和谐、便于阅读。

● 一起来试试

　　除了宋体、楷体、黑体等常用字体，报名、栏目名或专题名偶尔也可以用一些创意字体。下面的创意字，你喜欢哪些？如果用创意字书写报名，那么你会怎么设计呢？

我的创意字

第二节　我的报纸我当家

我们讨论一下办校报、校刊的事儿吧，我都等不及了！

我同意，不实际操作一下，我们还真难消化小闻老师讲的内容。

没错。我讲的只是一些基本常识，在实际的编辑工作中，还有很多细小的问题，大家就到实践中去积累经验吧。不过，要先做好思想准备，小编辑的任务可不轻，编辑工作有着严格的流程和精妙的技巧，只有掌握了这些，才能把校报、校刊办好。

🔍 办校报还是办校刊？　☰

办校报还是办校刊，要进行内容定位后再确定。也就是说，计划编辑的媒介主要刊登什么内容。如果侧重校园新闻，以反映同学们的校园生活为主，那么办校报更合适，其出版周期相对较短，如一个月一期；如果是主要刊登同学们的文学作品等内容，那么建议办成校刊，出版周期可以长一点，如一个季度一期，甚至是一个学期、一个学年一期。

我们学校有很多活动，新闻不少，可我也希望能刊登同学们的文学作品，该怎么办呢？

校报上也不用全是新闻，可以开辟几个版面来刊登作品啊。

是的，一份报纸除了新闻版面，也可以有其他版面，可以用来刊登同学们的习作等。我们通常称其为"副刊"，以示和新闻版面的区别。

　　如果决定办一份校报，以校园新闻为主要内容，兼顾同学们的文学作品，那么接下来就需要考虑这份报纸要设几个版面、各版的内容是什么。一般来说，校报使用对开四版即可。内容上，新闻放在前面，学生作品等内容安排在后面。

　　头版是报纸的"脸"，每期都要非常重视，刊登重要的或精心策划的新闻，比如学校近期发生的大事。一般来说，二版是头版的延续，或者说是一版重大消息的深入报道。二版也可以单独成版，不过大多也是新闻类的。三版、四版可以安排非新闻类的内容。同学们的习作就可以放在三版，这些习作可以包括优秀的日记、读后感、诗歌、小说等等。这个版面还可以开设一个栏目，刊登经老师点评和修改过的文章。如果三版定位是文学作品发表园地，那么四版可以展示同学们其他方面的才能，如书法、绘画、摄影等等。如果有同学在某方面比较突出，那么也可以对其进行专访。此外，现在学校对学生的心理问题越来越重视，也可以开设一个和心理有关的版面或栏目，邀请心理老师写稿。版面和栏目定位清晰后，别忘了给它们取个名字。

　　现在，不少学校都有网站和微信公众号，和校报相比，网络传播信息的速度更快，那么如何让校报既能和网站、微信公众号内容共享，又能有自己的特色，从而吸引同学们看报呢？

小闻老师说

　　上面介绍的，只是一张四版样报内容安排的框架和大致思路，在实际办报的过程中，各位小编辑要充分发挥自己的创造力，对各版面和每个栏目的内容有一个清晰的定位，计划好稿件来源，或采写，或约稿。

● **一起来试试**

　　在办校报（校刊）之前，让我们进行一个小调查吧，看看同学们希望在校报（校刊）上读到什么内容。也可以问问老师们的意见，这对办好校报（校刊）很有帮助。现在，请你来设计这个小调查，可以设置选择题和开放题，便于同学们回答。

🔍 **给校报取个名字** ☰

对了，还有一件重要的事情——给校报取个名字。

给报纸取名有什么规律可循吗？

当然有。

　　有的报纸是根据内容定位取名的，如《中国经营报》《第一财经日报》《21世纪经济报道》《经济观察报》都是经济类的专业报纸；《法治日报》《贵州法治报》《青海法治报》都是法律类的专业报纸；《作家文摘》刊登的主要是文学类作品；《中国教育报》主要是关于教育类的内容。有的报纸是根据阅读对象取名的，如《上海中学生报》《少年日报》都是给学生看的报纸，内容和青少年有关。还有的报纸是根据地域取名的，如《扬子晚报》《南京晨报》《海南特区报》。当然，有一些综合类报纸，仅从名字很难判断它的内容，如《解放日报》。这类报纸内容覆盖面很广，往往会通过相关版面来进行区分，如《新民晚报》有"要闻""上海新闻""国际新闻""文体新闻"等版面。

小闻老师说

　　作为一份校报，它的名字如果能和学校的办学特色、办学理念相结合，那么会是非常不错的。当然，这不是强制性要求，只要报纸的名字简洁明了、内涵丰富、积极向上、读起来响亮顺口，就可以使用。如果你们不知道取什么名字，那么可以向全校师生征集，发挥大家的聪明才智，同时也相当于为校报进行了一次宣传，知晓度高了，以后要招募小记者、小编辑或约稿也就更容易了。

● 一起来试试

　　请你根据童童的想法，结合自己所在学校的特色，设计一份校报（四版）的框架，包括报纸名称、版面名称、各版的内容定位及稿件来源等信息。

校报名称		出版周期		每期版数	
头版内容		版面名称		稿件来源	
二版内容		版面名称		稿件来源	
三版内容		版面名称		稿件来源	
四版内容		版面名称		稿件来源	

🔍 报纸版面"三大件" ☰

听说报纸版面有"三大件",请小闻老师跟我们说说。

看来乐乐下了不少功夫。头条、言论和专栏是支撑报纸版面的"三大件",也是表现编辑思想的最主要的几方面内容。对于一份新闻类报纸来说,这"三大件"就像一个人的骨架,骨架搭好了,报纸的质量自然就会好。

◎ 头条

认真读过前文的同学应该对头条的位置和重要性已有所了解。编辑会把一个版面最重要的内容编排在头条,把一期报纸最重要的新闻编排在头版头条。

◎ 言论

言论是针对一定的新闻事实有感而发的评论或议论性文字。通过配上言论,可以深入地挖掘新闻蕴含的意义,使新闻事实升华为理性的认识。《少年日报》曾刊登过一篇题为《谁让"值日"变了味》的报道,反映了青少年劳动教育中存在的一些问题,如有学生花钱雇人做值日、家长帮孩子做值日、老师把值日当作一种惩罚……为了引导读者树立正确的劳动观,编辑为这则报道配了一篇言论。《上海中学生报》头版开设过一个栏目,叫"杂谈吧",其中刊登的言论,或是对本版报道的延伸,或是就社会热点新闻

发表的观点。报纸上常见的言论有社论、记者手记、本报评论员或特约评论员文章等多种形式。

◎ 专栏

如果一个栏目刊登在报纸相对固定的版面位置上,又有作者定期为该栏目写文章,那么这个栏目就成了专栏。专栏一般都有固定的名称和位置,而且稿件风格一致,通常会设计一个标识。

相比一般栏目,专栏的风格更鲜明,尤其是在文艺副刊,一般栏目话题广泛,文章的体裁和写法多样,容易给人留下杂乱的印象,而专栏的文章类型、标识设计等等长期坚持同一风格,位置也固定,可以给读者留下深刻的印象,增强读者的凝聚力,有的还形成了品牌。比如,"名家漫笔"专栏,专门刊登读者公认的名家作品,有时请一位名家连续为这个专栏供稿,有时请多位名家同时供稿。对于喜欢文学作品的读者来说,这样的专栏很有吸引力,有的读者一拿到报纸就会先翻看自己喜欢的专栏。再如,《上海中学生报·高招周刊》头版开设的"沪考新语"栏目,邀请上海市教育考试院院长主笔,每期都围绕上海高考的话题发布一篇评论文章。每次文章刊登后,都被其他报刊或微信公众号转载,对提升报纸的品质和权威性起到了重要作用。后来,该专栏的文章还编纂成书了呢!

这么说,如果能请到好的作者开设专栏,那么对提升报纸版面的质量会很有帮助。我们也可以邀请某位有才华的老师或同学,在校报上开设一个专栏。

我的台词被你抢掉啦!嘿嘿,我心里已经有人选了!

每一份校报都必须包含头条、言论、专栏这"三大件"吗?

小闻老师说

　　做一份报纸是一项艰巨的任务。报纸的名称、出版周期、版面的设定，以及每个版面刊登的内容，都是需要考虑的。办报有一个诀窍，就是多看其他同类的报纸，先依样画葫芦，然后再办出自己的特色来。

● 一起来试试

　　如果你要在校报或校刊上开设一个专栏，那么你会选择什么类型的呢?

　　文学作品类□　　新闻评论类□　　漫画类□　　其他:_____

第八课 编辑之后，还有件事必须做

第一节
编校原来这么重要

最近忙得够呛，不过很开心——我们的校报诞生了！瞧，编排得还不错吧！我们已经联系好印刷厂了，马上就能印刷。

嗯，看起来不错。等等，你们好像还有一件事没做。

对了，之前小闻老师说过，报纸的出版流程中有编校工作这一项，我们好像还没有校对呢！

没错。校对是报纸出版工作中的一道重要工序，即依据原稿或定本核对校样，改正校样上的差错，如字词、标点、语句等方面的错误。

　　报纸出版流程中包含"三审"和"三校"，简单来说，"三校"就是要进行三次校对，一般初校由责任编辑完成，二校责任编辑和编辑部主任都参与，三校总编也要看，有些报纸还会聘请专业的校对人员进行校对。

　　那么为什么要进行校对呢？有时，错别字会导致信息错误，容易误导读者。例如，某报上刊登了一则题为《2019年体育单招文化考试本周未举行》的新闻。你们有没有发现什么问题？没错，标题中的"未"字错了，应该是"末"。瞧，一字之差，意思完全变了。

　　某报头版发布了一篇关于"水氢发动机下线，市委书记点赞"的报道，报道中称，这意味着车载水可以实时制取氢气，车辆只需加水即可行驶。此篇报道一出，立刻引发了质疑，轰动全国。有关专家表示，氢燃料电池作为新能源，可以成为重要的汽车能源，但绝不是用水就可以直接制取氢气的。这个知识性差错，不仅影响了报纸的权威性，也把涉事企业和相关人员推向了风口浪尖。

政治性差错虽然不多见，可一旦出现往往会比较严重，比如把国家领导人的名字、职务写错就属于重大差错。

因此，我们需要对报纸内容进行校对。编校工作非常重要，它相当于最后一道安全阀门，而编辑就是至关重要的"守门人"，稍有松懈，错误就"溜出去"了。

同学们在编校时一定要认真再认真。

小闻老师说

报纸上字词、标点出点差错看似没什么大不了的，其实不然。质量无小事，白纸黑字的报纸期刊不仅代表着公信力和权威性，更会直接影响到读者的认知。如果是重大的事实性差错或严重的政治性差错，那么编辑很可能会被解聘，甚至报纸也会停刊。每一份报纸在出版前都要进行"三审"和"三校"，这是保证报纸质量的重要流程。

● 一起来试试

下列每个句子都有一处错误，你能找出来吗?

（1）他看起来大约十岁左右。

（2）这篇文章的最后一段话十分精彩，起到了画蛇添足的作用。

（3）参加了这次实践活动，对大家的启发很大。

（4）老师的谆谆教导和音容笑貌时常回荡在我的耳旁。

第二节　火眼金睛当侦探

听你们一说，我顿时觉得肩上的责任好重哦！那么怎样才能拥有"火眼金睛"，发现各种错误呢？

根据各报刊编校质量检查，我们发现，只要记者的工作严谨一点，编校人员的工作细致一点，那么至少有90%的差错是可以避免的。也就是说，认真的态度对于提高编校质量来说十分重要。

🔍 预防差错有办法

◎ 逐字逐句读校

逐字逐句读校，就是在校对版面时，逐字逐句地读出声。有些字词句，虽然一眼看过去没什么问题，但当你一字一句地朗读时，你就会发现词语搭配不当、语句不通、句子成分残缺等问题。我们来做一个小游戏，请你在一秒钟内看完下面这句话："研表究明，你的睛眼实其会常经性地骗欺你，比如当看你完这话句后，才发这现里的字全是都乱的。"你是不是已经看懂了它的意思？现在请你把它朗读出来，这时，你会发现，看似没什么问题的句子，实际上错误百出。这个游戏虽然夸张，但也从一个侧面说明了读校的必要性。

◎ 不断学习，扩大知识面

编辑要努力成为一个杂家，拓宽自己的知识面。怎么才能扩大知识面呢？有一个"法宝"，那就是阅读，而且读的书范围最好比较广，历史哲学类、社会生活类、自然科学类、文化艺术类等等都要涉猎。书读得多，知识面自然就宽，看待问题也更有深度。同时，也可以多交朋友，尤其是各行各业的专家，和他们交流也是一种学习，可以帮助我们打开眼界。此外，多看新闻也是编辑扩大知识面、开阔眼界的一条重要途径。

◎ 虚心请教，在工作中进步

编辑要努力成为杂家，不是说等你成为杂家后再来做编辑，而是在做编辑的过程中，要不断学习，遇到不懂的问题，要及时查资料或请教别人。不时能学到新的知识，这也是做编辑的一大乐趣。在这里推荐大家平时多看看刊物《咬文嚼字》，它以语言文字规范化为己任，是编辑的好助手、好老师。

随着网络的发展，现在很多人会通过微信公众号、朋友圈了解新闻、获得知识，但网络也是容易产生"假新闻""伪知识"的地方。作为小编辑，你觉得怎么做才能避免自己负责的报纸或网站上出现"假新闻""伪知识"？

小闻老师说

作为小编辑，一方面要多学习，拓宽知识面；另一方面要敢质疑，遇到问题，要多方求证，不应人云亦云，以避免被"假新闻""伪知识"误导。

● 一起来试试

下列句子中有一些常识性错误，你能找出来吗？

（1）中午，在强烈的阳光照射下，小花猫那又圆又大的眼睛直盯着我。

（2）两千多年前，我国有一位伟大的科学家，他的名字叫司马迁。

🔍 报刊常见差错 ☰

"他山之石，可以攻玉"，我们就先向同行前辈学习吧！如果知道报刊编辑常会在哪些方面犯错，那么我们就可以更加注意。

有道理。上海出版物编校质量检测中心在一次对全国100多种报纸的编校质量进行检查时发现，差错类型有用字差错、词语差错、表达差错、知识内容差错、标点差错、数字用法差错、计量单位差错、格式体例差错等等。其中，用字差错、词语差错、表达差错、知识内容差错计分占总扣分的90%左右。下面，我整理了一些例子，供大家学习！

◎ 语言文字类差错

（1）文字问题

主要是用字不规范和错别字，其中错别字最多。因此，如果你想做小编辑，那么可要学好语文。不少同学觉得，默写生字、辨字组词这样的训练太枯燥，可要打下扎实的语言功底，不下功夫怎么行呢？

【原文】俄乌冲突爆发后，国际能源市场动荡，天燃气价格暴涨。

【修改】"天燃气"应改为"天然气"。

【辨析】天然气通常指产生于油田、煤田和沼泽地带的天然气体，主要成分是甲烷。汉语中有"燃气"一词，意思是用作燃料的气体，天然气便属燃气。"天然气"是"燃气"，但不是"天燃气"。

【原文】孰不知，麻烦还在等着我呢。

【修改】"孰不知"应改为"殊不知"。

【辨析】"孰"是疑问代词，指"谁"。"孰不知"就是"谁不知"，带有反问语气，意思是"大家都知道"。但例句想表达的是"我不知道接下来会碰到麻烦"，所以应该用"殊不知"。"殊"有"竟然"的意思，"殊不知"就是"竟然不知道"，比较符合例句想表达的意思。

（2）词语问题

包括用词不当、词义混淆等等。

【原文】这次考试，小华的成绩差强人意，拿到卷子的那一刻，他难过地哭了！

【修改】"差强人意"可改为"不尽如人意"或"非常糟糕"。

【辨析】"难过地哭了"，说明小华对自己的成绩很不满意。这里误将"差强人意"当作"让人不满意"用了。差（chā）：稍微。强：振奋。"差强人意"表示大体上还能使人满意。

【原文】他的口气不仅是报怨，更是谴责。

【修改】"报怨"应改为"抱怨"。

【辨析】这里是把"报怨"和"抱怨"混淆了。"报怨"指对所怨恨的人作出反应，如"以德报怨"，指用恩惠回报别人的怨恨。"抱怨"指心怀不满、埋怨别人。根据句子的意思，因为"他"有强烈的不满，甚至是谴责，所以要用"抱怨"。

（3）语法问题

包括搭配不当、句式杂糅、成分残缺等等。

【原文】挖土方开始了，我们的任务和工期都十分艰巨和紧张。

【修改】应该为"挖土方开始了，我们的任务艰巨，工期紧张。"

【辨析】"任务和工期"与"艰巨和紧张"搭配不当。"任务艰巨"和"工期紧张"分开来就没有问题了。

【原文】通过这次社会实践活动，让我们学到了很多书本上学不到的东西。

【修改】方法一，删去"通过"一词；方法二，删去"让"一字。

【辨析】原文主语不明，删去"通过"，"这次社会实践活动"就成为主语；删去"让"，"我们"就成为主语。两种方法都行。

（4）数字问题

数字的规范使用内容较多，如阿拉伯数字和汉字数字的使用规范、概数的表示方法等等，具体可以查阅《出版物上数字用法》（GB/T 15835—2011）。

【原文】一个七、八岁的男孩从座位上站了起来，微笑着对老人说："奶奶，您来坐吧！"

【修改】"七、八岁"应改为"七八岁"。

【辨析】两个数字连用表示概数时，两个数字之间不用顿号隔开，如"一两个小时"。

（5）标点符号问题

同学们应该都学过标点符号的基本用法，不过，如果是做小编辑，那么还需要进一步学习。大家在做小编辑的过程中，如果遇到问题，那么可以查阅《标点符号用法》（GB/T 15834—2011）。

【原文】但是，如果你问爸爸妈妈，他们小时候是如何从北京到上海的？那你肯定会大吃一惊……

【修改】"上海的"后面的"？"应改为"，"。

【辨析】有同学看到句子中有"如何"等疑问词，就以为一定要用问号。其实，当含有疑问词的语段充当某种句子成分，而句子并不表示疑问语气时，句末不用问号。

◎ 事理逻辑类差错

（1）违背事实

【原文】稻子成熟了，田野上一片碧绿，一派丰收的景象。

【修改】"碧绿"应改为"金黄"。

【辨析】成熟的稻子是金黄色的，而句子中却用"一片碧绿"来形容，不符合事实。

（2）自相矛盾

【原文】窗外的暴风雨突然渐渐地停了下来。

【修改】"突然""渐渐"两个词应删掉一个。

【辨析】"突然"表示在短促的时间里发生；"渐渐"表示程度或数量逐步缓慢增减。两个词相互矛盾。

小闻老师说

差错千万种，要提高编校质量，不仅需要扎实的文字功底，还需要细致的态度和认真的作风。当然，编辑也不是全能的，不可能什么都知道。那应该怎么办呢？多存疑、多质疑、多请教，遇到不知道或者不确定的内容，一定要想办法弄清楚，向记者核实，或在字典、网络上查询，或请教老师。

● 一起来试试

请修改下列句子中的错误。

（1）事件发生后，网络上一度充斥着质疑、批评甚至非理性的谩骂……

（2）在清澈而平缓的水面上乘船划桨，零距离地亲近自然、亲近人文……

（3）九（5）班的语文成绩是全校最好的一个班级。

（4）学习成绩的提高，主要取决于学生自身是否努力。

（5）焦裕禄这个名字对青年人可能还有些陌生，可对40岁以上的人却很熟悉。

（6）"别担心，"班主任老师说："我相信你能行！"

附

常见错别字举例（括号内为规范字）

费寝忘食（废）	蜂涌而至（拥）	甘败下风（拜）	轰堂大笑（哄）
别出新裁（心）	全神灌注（贯）	弱不经风（禁）	成出不穷（层）
穿流不息（川）	出奇不意（其）	大声急呼（疾）	得不尝失（偿）
断章取意（义）	度过难关（渡）	独挡一面（当）	烂竽充数（滥）
流恋忘返（连）	名列前矛（茅）	开天劈地（辟）	面面具到（俱）
目不暇接（暇）	迫不急待（及）	瞑思苦想（冥）	谈笑风声（生）
提心掉胆（吊）	既往开来（继）	终生大事（身）	坐无虚席（座）
走头无路（投）	墨守陈规（成）	一幅对联（副）	无是生非（事）
振耳欲聋（震）	推崇倍至（备）	人情事故（世）	美仑美奂（轮）
老声常谈（生）	按步就班（部）	常年累月（长）	罗唆（啰）
防碍（妨）	松驰（弛）	排泻（泄）	藉贯（籍）
报歉（抱）	亲眯（青）	轻年人（青）	年青人（轻）
挖墙角（脚）	钉书机（订）	萤光屏（荧）	泊来品（舶）

第三节
校对符号你会用吗？

不校对不知道，一校对吓一跳。我在校对的过程中还真发现不少问题。瞧，这是我修改的校样。

天呐！你把校样都涂成了"大花脸"，谁看得清你是怎么改的啊？

如果用了校对符号，那就不会这样啦。

校对还有符号？快告诉我们它是什么样的！

常用校对符号及其用法

编号	符号	用途	用法示例	编号	符号	用途	用法示例
1		改正	会让你的读者失去耐心。看	9		另起段	告别伪善的第一步。而从社会…… 融合新闻
2		删除	让读者烦躁跟和焦虑。	10	v >	加大空距	总编辑为记者们批量购买了《新闻报道写作：理论、方法与技术》一书。
3		增补	把背分解到全文中。第	11	∧ ＜	减小空距	一些术语生 命力强大。
4		换损污字	很多人仍旧看不起病。	12	Y	分开	NewsWriting
5		排齐	几个人一起说一句很长的话，每个字都是一样的，这是很不现实的。	13	△	保留	养成交代信息来源的习惯。
6		对调	尽量使用省略号，多用句号逗和句号。	14	O=	代替	要重视关键词的使用，但不要滥用关键词，不要生硬地使用关键词。O=改黑体
7		转移	不妨以间接引语的形式加以表述干预。	15	○○○	说明	第一章 寻找新闻 改黑体
8		接排	不要故意把问题描述得太复杂，不要问太长的问题。				

小闻老师说

在报纸的出版过程中,纸质校对和电脑排版往往不是同一个人来完成的,而校对符号相当于一种语言,便于校对者和排版者"交流",只要正确使用校对符号,专业的排版人员一看就明白校对人员的意思,这样在修改、排版的过程中就不存在"沟通不畅"的问题了。

● 一起来试试

请修改下面这篇稿件中的错误,注意要用校对符号哦!

我扫了一栋"楼"

作为一只"小神兽"仓鼠的主人,我肯定得为它的"豪华别墅"负责。这可没想像的那么容易,这可是一项大工程呢!这不,你瞧——

我带上口罩和手套,开始打扫了起来,我先把正在睡觉的仓鼠抱到另一个笼子里去,接着,我把"别墅"二楼的木屑和垃圾全划拨到一楼,把诸如食盘、木床和磨牙石之类的杂物取了出来,最后,再把一楼里集中起来的木屑倒入垃圾桶。

你以为这样就可以了吗?不,还要把仓鼠的"太空舱",也就是它的厕所清理一下。一打开盖子,一股熏人的味道便扑鼻而来。我快速把脏脏的夹杂着木屑和食物残渣的浴沙倒入垃圾桶,再在"太空舱"里铺上新浴沙,将干净的木屑撒在一楼二楼的地板上。最后,把"小主子"迎回家,这项工程才算完工。

做完这些,已累得腰酸背疼。不过,经过了这一番劳动,我一下子体会到了妈妈的辛苦和付出。望着那只无忧无虑的仓鼠,我忽然想到了我的妈妈。在她的眼中,我可能就是和仓鼠一样的"神兽",让她每天都围着我操劳,而我却以为这一切都是理所当然的。

第九课 策划，让新闻更有力量

这些都是记者和编辑的基本功。再给你们介绍一个新技能：新闻策划！

要学的东西真多啊！

要会写稿，要会拍照，还要……

第一节　大记者的故事

学了这么多采写、编辑的本领，我觉得我可以"出师"啦！

学无止境，要想成为一名优秀的记者、编辑，我们要学的东西还多着呢！比如新闻策划。

新闻策划是什么？我只听说过小队活动策划、汇报演出策划……

先卖个关子，让我们坐上时光穿梭机，去旁听一下《少年日报》编辑部记者、编辑的一次编前会。

时间： 2019 年 2 月

地点： 报社会议室

出席人员：《少年日报》编辑部记者、编辑

主题： "中华人民共和国成立 70 周年"选题新闻策划

《少年日报》编辑部：

编辑 A： 2019 年是中华人民共和国成立 70 周年，各大报纸都要做好相关内容的新闻宣传和报道。让我们一起策划一下这个重大选题。

编辑 B： 对！今年新闻报道的重点肯定就是它了。我觉得要策划成一个专题，进行连续报道。

记者 C： 这个新闻选题太大了，可以报道的东西太多了。

编辑 A： 是的！所以我们要根据《少年日报》的读者群体，缩小主题范围。

我觉得可以从教育领域，或者和青少年有关的人、事、物上去展现中华人民共和国成立 70 周年的发展变化和成果，比如爱国主义教育基地、具有时代特征的教育类人物等等。

记者 D：这些会不会太宽泛了，平时也可以做，不够切题。

编辑 B：我觉得重点在"70 周年"这个时间节点上，我们的报道要重点体现这个"70"，这样才有特点。

记者 E：对，不如我们去找找 1949 年出生的教育工作者，或者 1949 年成立的学校吧！

编辑 A：从"与中华人民共和国同龄"这个角度出发，选择和我们的读者群体——青少年有关的人和事，进行采访报道，反映主旋律，我觉得很有特色和亮点。

编辑 B：大家分头找找线索，下周编前会我们一起交流一下新闻线索，再商量一下怎么做。

……

🔍 大选题，小切口

后来呢？后来呢？《少年日报》编辑部的记者去采访了什么？

别急！给你看几个报纸版面。

　　正如你在以上报纸版面上看到的，这个重点栏目的名字叫"70周年，与共和国同龄"。编辑部通过搜集新闻线索，找到了与中华人民共和国同龄的 4 所小学、2 所高中。记者通过采访相关学校的老师、同学，挖掘出了精彩的新闻故事。

　　在上海，闵行区汽轮小学"四代同校"，杨浦区五角场小学发起"寻人（物）启事"，浦东新区杨园中心小学在浦东城乡巨变中推行普法教育……这些真实而又生动的新闻故事，用接地气的事实说话，以小见大地反映了上海教育水平的不断提高，从而印证了祖国的蓬勃发展。

　　新闻策划的选题从何而来呢？

小闻老师说

　　对于"大选题"，要从"小切口"入手，让读者通过具体的、真实的、可信的新闻故事去体验、去感知、去认同、去思索。现在的新闻，在遵循用事实说话的原则下，更提倡新闻故事化，寓新闻主题于鲜活的新闻事实之中。

● **一起来试试**

如果我们要为"两代人看改革开放 40 周年"这个大选题找一些小的采访切入口，反映改革开放 40 周年以来我国教育的变化，那么你会选择哪些切入口呢？

（1）两代人成绩单的变化

（2）两代人学生证的变化

（3）两代人校服的变化

（4）两代人课本的变化

（5）两代人家庭住房的变化

（6）两代人交通出行的变化

（7）两代人校园环境的变化

（8）两代人兴趣爱好的变化

更深，更广，更有影响力

小闻老师，我明白了，这是不是就叫作举例法，对吧？

我觉得这是根据报纸阅读对象的不同，对重要选题进行合理取材，选择读者喜欢的，就是"量体裁衣"的意思。

你们的观点都有道理。同一个新闻选题，根据报纸定位、读者对象的不同，所呈现的报道角度和形式可以是完全不一样的。

我们继续以"中华人民共和国成立 70 周年"选题为例，你们看——

《解放日报》的报道角度结合了本报的诞生日。通过一些老物件、老照片回顾《解放日报》的诞生、历史、发展……在选材时，编辑也十分巧妙地从多个角度选择了富有时代特点的内容进行展示，从另一个视角反映了国家、城市 70 年来的变化。

我感觉在回顾祖国这些年来发展变化的同时，也了解了《解放日报》的相关情况！

这角度也太"可遇而不可求"了，很难遇到吧？

这种素材的确十分珍贵。你们有没有注意到，不论是《少年日报》，还是《解放日报》，对于这样的重大选题，都进行了专题报道、连续报道。对于像"中华人民共和国成立 70 周年"这样的重大新闻选题，编辑部可是要有相当大的投入来完成一定规模的报道呢。

对，那天我在家，瞧见爸爸正在看《文汇报》，报纸上关于这个主题的新闻报道居然用了十几个版面，我把报纸带来了，你们看——

1949 年，中华人民共和国成立，也正是在这一年，上海解放。作为一份上海的本土报纸，《文汇报》选择了在这样一个重要的时间节点，以"破晓"为关键词，通过记述重要的战役、见证历史的十组地标、胜利前最后一批牺牲者、新上海第一缕朝阳……回顾了上海解放的动人故事。再以"新生"为关键词，从经济、文化、城市建设等角度入手，记录下了上海从百废待兴到成为国际一流大都市的难忘瞬间。

不论是到上海工作拼搏的异乡人，还是老上海人，读着这些真切、深入、多角度的新闻报道，获取的信息量和受到的影响是不同的。看了这期报道，他们一定都会更加热爱上海、热爱祖国。

 我们该如何选择新闻策划的角度和形式呢？

小闻老师说

一般情况下，新闻策划不是由一个人完成的，而是由众多记者、编辑一同探讨研究。需要进行新闻策划的一般都是比较重大的新闻事件。每一个重大新闻选题，都有着非凡的意义和报道价值。通过更广阔的视角，挖掘更深入的新闻内容，才能将新闻的报道价值扩大，使其更具有影响力。

● 一起来试试

如果你要为学校校庆策划一组报道，那么你会选择哪些角度呢?

（1）学校创建时的故事

（2）校训的由来

（3）学校优秀校友的故事

（4）学校老师的故事

（5）学校在校学生的故事

（6）学校各个社团的故事

（7）校园各个角落的照片和它们的故事

（8）其他

第二节
什么是新闻策划？

新闻策划就是决定记者在新闻稿里写什么内容的，对不对？感觉很厉害的样子！

好像哪里不对。新闻必须讲求实事求是，怎么能进行策划呢？

那……究竟什么才是新闻策划呢？

🔍 策划新闻 ≠ 新闻策划 ☰

为了写好校园新闻，我们也成立一个校报编辑部来策划一下新闻吧！

打住打住！策划新闻是什么？

策划新闻、新闻策划，不是一个意思吗？

它们可完全不一样哦！正如上节课说到的，新闻策划是对新闻报道行为的创造，是对媒体资源进行科学配置，以求达到最佳的传播效果。策划新闻是指对尚未形成的事件经过精心组织和安排，使其成为完整的事实，为报道提供依据。简而言之，新闻策划是策划报道形式；策划新闻则是策划报道内容。

新闻报道不能超越事实本身，只有在事实发生后，才能对新闻报道进行策划，离开了基本事实的报道策划，就会制造出"虚假新闻"。

【策划新闻】深圳90后女孩当街给残疾乞丐喂饭感动路人

2013年3月25日，中国新闻网发布了一则名为《深圳90后女孩当街给残疾乞丐喂饭感动路人》的报道。报道称，女孩是湖南新化人，出生于1991年，目前正在深圳打工。3月24日，在下班回家路上，女孩看到老人盯着快餐店里的盒饭后，便掏钱为老人买来了盒饭，然后亲自喂饭。

【真相】

这篇感人的新闻报道在各大新闻网站与微博上转载，众多网友为女孩竖起了大拇指，称赞此举弘扬了社会正能量。但是，很快就有网友指出新闻是策划出来的。附近一位目睹拍摄过程的报刊亭老板称，女孩只喂了几口饭，便随拍照的男子离开了。随后，策划者出面致歉，承认照片是摆拍的。首发媒体中国新闻网也表示歉意，中国新闻社称，已对当事记者、网站当日值班责任人等相关人员作出了处理。

【策划新闻】纸包子

2007年7月8日，北京电视台生活频道《透明度》栏目播出了《纸做的包子》专题片。该栏目编导通过暗访，发现在北京市朝阳区东四环附近的早点铺，有出售用废纸箱和肥猪肉做的小笼包的情况。

【真相】

经北京市工商局、北京市食品质量监督检验三站和警方全力核查，该报道系《透明度》栏目编导炮制的新闻，北京电视台也承认报道失实。真相是，编导訾北佳为了完成任务，以喂狗为由，要求卫某等人将浸泡后的纸箱板剁碎掺入肉馅，制作了20多个"纸馅包子"。与此同时，訾北佳秘密拍摄了卫某等人制作"纸馅包子"的过程。在节目后期制作中，訾北佳采用画面剪辑、虚假配音等方法，编辑制作了电视专题片《纸做的包子》。

假新闻不仅会给接收信息的群众带来恐慌，更会降低新闻传播的公信力。因此，提高新闻策划者的素质是做好新闻策划的重要前提。

小闻老师说

要解释什么是"新闻策划"，首先，我们要弄清楚要策划的究竟是什么？当出现重要选题时，新闻机构为了让这条重要新闻的价值得到深层次挖掘，并取得较好的社会效益和较大的社会影响力，就要在确保新闻客观、真实的前提下，对这个选题进行有创意的设计、指挥和调控。简单地讲，就是对新闻报道的形式进行包装，让读者更加喜闻乐见。

● 一起来试试

近日有报道称，一女子在下班路上，为救被狗追的小女孩，自己被恶犬咬成重伤，事后女子收到超过80万元的爱心捐款。随后，该女了"见义勇为"的行为被拆穿，人们发现，这则新闻是人为策划的。

根据以上事件，请你说说策划新闻的危害性。

🔍 新闻策划 N 部曲　≡

新闻策划可是一件严谨、严肃的事情啊！

不论是大新闻，还是小新闻，记者和编辑都要对新闻内容负责任。

对，要做一个高素质的新闻人。你们来看看，这些标准，你们能做到吗？

★ 责任意识：具有强烈的社会责任感、使命感。

★ 遵循新闻规律：客观事实在先，新闻报道在后。

★ 掌握方法：讲求科学、与时俱进、勇于创新。

新闻策划的步骤：

（1）寻找选题，判断新闻线索的价值，决定是否纳入报道计划。

（2）提炼主题，确定核心人物、核心事件和核心问题等报道重点内容。

（3）设计报道的规模和进程，如持续多长时间、占据多大版面、动用多少采编力量等等。

（4）制订发稿计划，落实稿件的题目、题材、内容、篇幅等等，确定刊播的次序、时间、位置等等。

新闻策划是编辑的事情，还是记者的事情呢？

小闻老师说

　　这里的新闻策划是指新闻采访策划，就是记者和编辑对将要采访的新闻事实事先进行的计划或筹谋。一名优秀的新闻工作者，不仅要有扎实的写作功底、广博的学识，还要具备一定的新闻策划能力。要记住的是，新闻策划是基于新闻事实的安排和设计，绝不是无中生有、炮制虚假新闻的"策划新闻"。

● 一起来试试

　　报社编辑部又获得了不少新闻选题和新闻线索，让我们一起来看看这些新闻选题和新闻线索是否值得进行策划呢？

（1）全市推行垃圾分类

（2）校园爱心义卖活动

（3）改革开放 45 周年

（4）"困境儿童"问题

（5）中国少年先锋队上海市第八次代表大会

（6）科普讲座进校园

第十课 嘿！当一回新闻策划人

第一节 小记者的故事

现在我好像明白新闻策划是怎么一回事了，但是又觉得太难了，无从下手。我觉得，新闻策划的工作不太适合我们小记者。

新闻策划是记者、编辑的工作职责所在。我虽然也不是很自信，但是我想试一试，当一回新闻策划人。

好！开始前，老师为你们请来了一位小记者前辈，请她给你们说说她曾经参与的一次新闻策划。

策划，让新闻更精彩

在当小记者的五年里，让我记忆犹新的事情有很多，其中印象最深的是做"当爸妈吵架的时候"这个新闻选题的策划。

记得一次编辑部活动时，不知是谁偶然提起爸爸妈妈吵架的事情，这样的家庭事件是我们都熟悉的，小记者、小编辑顾不得"家丑不可外扬"，热烈地讨论起来。有人学起了爸爸妈妈吵架时的神态，有人道出了爸爸妈妈吵架时的话语。总之对于这个话题，大家越说越热闹。我想，小记者、小编辑对这个话题有这么多话要说，那这个话题作为新闻选题一定也能引起小读者的共鸣。

经过几天的新闻故事征稿和讨论，我从大家的稿件中又发现了不少亮点，我产生了一些不同的想法。在许多有趣的故事中，我筛选了几个有代表性又十分特别的小故事，里面除了有新闻的主角——爸爸妈妈之外，还特别添加了看法和对策。如此一来，稿件就显得生动有趣，我的策划也更加顺畅了。

新闻报道出来后，反响很不错，大家都觉得和实际生活很贴近，又特别具有可阅读性和参考性。

作者　沈亚婷

原来要写出一篇好的新闻稿，这么不容易啊！

那可不，一篇成功的新闻稿，可不单靠记者个人的文字功底，还要靠大家一起为新闻采写出谋划策。

没错，新闻策划需要团队合作。一个有深度、有广泛影响力的新闻报道需要编辑部所有人的全力以赴。让我们一起学一学下面这个由小记者完成的成功的新闻策划案例。

🔍 电子学生证诞生记 ☰

◎ 寻找新闻选题

寻找选题，判断新闻线索的价值，决定是否纳入报道计划。

2012 年 5 月 18 日，本报接到一封小读者的来信，称自己在双休日前往欢乐谷游玩时遭遇了购票尴尬，因身高超过儿童票的规定，不得不购买成人票。小记者在选题会上讨论后发现，大家平时也经常会遇到类似的问题，所以这是一个很有价值的新闻选题。

◎ 提炼主题，确定核心

提炼主题，确定核心人物、核心事件和核心问题等报道重点内容。

小记者经过头脑风暴，整理出以下问题：

（1）小学生在社会图书馆借书，要办理专门的借书卡，部分图书馆的借书卡不能通用。

135

（2）从 2011 年 3 月 1 日起，上海市将儿童免票身高线标准统一调整至 1.3 米。不过，并非所有的景点都调整了儿童免票身高线标准。

（3）小学生随家人乘飞机去旅游，因为没有身份证、学生证，所以必须把户口本带在身上，而户口本体积大，容易丢，十分不便。

（4）无论是学生证还是学籍卡，都无法充分发挥其基本功能——证明学生身份。小学生有证不用，形同虚设，难以实现学校智能化管理。

……

小记者提炼出报道重点：希望通过报道，呼吁有关部门解决学生在公共场所的身份认证问题。

◎ 设计报道的规模和进程，制订计划并落实

设计报道的规模和进程，如持续多长时间、占据多大版面、动用多少采编力量等等。

根据初步调查的情况，编辑部决定分成 7 个小组，由大记者带领小记者，走访上海市各区的小学，走访沪上著名景点、图书馆、电影院、公园、游乐场等学生经常出入的公共场所，探究学生证能够正常发挥基本功能的地域范围。

◎ 制订发稿计划

制订发稿计划，落实稿件的题目、题材、内容、篇幅等等，确定刊播的次序、时间、位置等等。

5 月，在头版，第一时间对小读者的来信进行回应。

7月，头版刊登前一篇新闻稿的社会反响。

9月，新学期第一期，通版刊登各组采访后的调查报告。

持续追踪新闻事件的后续发展。

哇！太了不起了！原来我们现在使用的电子学生证是这样诞生的。

小闻老师说

新闻策划不仅能让新闻稿件变得出彩，还能产生社会影响力，让我们的生活变得更加美好。记者和编辑就像是厨师，在会烧美味可口的饭菜的基础上，通过新闻策划让美味可口的饭菜兼具丰富的营养。是不是很棒？

● 一起来试试

请围绕校园垃圾分类措施的施行，设计一个新闻报道策划书。

第二节　小试牛刀

　　请判断以下新闻线索是否具有新闻价值，再根据策划步骤，为它们撰写新闻报道策划书。

　　1. 2019 年，上海市第十五届人民代表大会第二次会议表决通过了《上海市生活垃圾管理条例》，该条例于 2019 年 7 月 1 日起施行。上海全民参与，将垃圾分类融入生活，垃圾分类成为生活新风尚。

　　（1）寻找选题，判断新闻线索的价值，决定是否纳入报道计划。

　　（2）提炼主题，确定核心人物、核心事件和核心问题等报道重点内容。

　　（3）设计报道的规模和进程，如持续多长时间、占据多大版面、动用多少采编力量等等。

　　（4）制订发稿计划，落实稿件的题目、题材、内容、篇幅等等，确定刊播的次序、时间、位置等等。

　　2. 改革开放已经走过 40 多年的路程，是几代人的时代记忆。"看一百年的中国到上海，看三十年的发展来浦东。"2020 年正值浦东开发开放 30 周年，浦东的发展取得了举世瞩目的成绩。

（1）寻找选题，判断新闻线索的价值，决定是否纳入报道计划。

（2）提炼主题，确定核心人物、核心事件和核心问题等报道重点内容。

（3）设计报道的规模和进程，如持续多长时间、占据多大版面、动用多少采编力量等等。

（4）制订发稿计划，落实稿件的题目、题材、内容、篇幅等等，确定刊播的次序、时间、位置等等。

3. 在一次小记者选题交流会上，一位小记者反映了这样一个问题：同学们下课时要喝水、换书、上厕所……10分钟的休息时间不够用。他的话引起了其他小记者的共鸣，不少小记者都觉得课间休息10分钟很紧张。但也有小记者有不同的意见，他们觉得如果能合理安排时间，那么10分钟很充裕。

（1）寻找选题，判断新闻线索的价值，决定是否纳入报道计划。

（2）提炼主题，确定核心人物、核心事件和核心问题等报道重点内容。

（3）设计报道的规模和进程，如持续多长时间、占据多大版面、动用多少采编力量等等。

（4）制订发稿计划，落实稿件的题目、题材、内容、篇幅等等，确定刊播的次序、时间、位置等等。

图书在版编目（CIP）数据

新闻编辑与策划 / 赵玉平, 孙宏主编. -- 上海：
上海教育出版社, 2024.5
（青少年媒介素养教育丛书）
ISBN 978-7-5720-2318-7

Ⅰ.①新… Ⅱ.①赵… ②孙… Ⅲ.①新闻编辑 – 青
少年读物 Ⅳ.①G213-49

中国国家版本馆CIP数据核字(2024)第079713号

责任编辑　袁梦清　陈杉杉
封面设计　顾燕华
版式设计　王　捷

新闻编辑与策划
赵玉平　孙　宏　主编

出版发行　上海教育出版社有限公司
官　　网　www.seph.com.cn
地　　址　上海市闵行区号景路159弄C座
邮　　编　201101
印　　刷　上海展强印刷有限公司
开　　本　787×1092　1/16　印张 9.25　插页 1
字　　数　170 千字
版　　次　2024年11月第1版
印　　次　2024年11月第1次印刷
书　　号　ISBN 978-7-5720-2318-7/G·2055
定　　价　65.00 元

如发现质量问题，读者可向本社调换　电话：021-64373213